大数据背景下
高职院校大学生心理健康教育
研究

冷洁　张坤　著

湖南师范大学出版社

·长沙·

图书在版编目（CIP）数据

大数据背景下高职院校大学生心理健康教育研究／冷洁，张坤著．
—长沙：湖南师范大学出版社，2023.7
ISBN 978-7-5648-4986-3

Ⅰ.①大… Ⅱ.①冷… ②张… Ⅲ.①大学生—心理健康—健康教育—
教学研究—高等职业教育 Ⅳ.①G444

中国国家版本馆 CIP 数据核字（2023）第 124502 号

大数据背景下高职院校大学生心理健康教育研究
Dashuju Beijing Xia Gaozhi Yuanxiao Daxuesheng Xinli Jiankang Jiaoyu Yanjiu

冷 洁 张 坤 著

◇出 版 人：吴真文
◇责任编辑：胡艳晴
◇责任校对：张晓芳
◇出版发行：湖南师范大学出版社
地址/长沙市岳麓区 邮编/410081
电话/0731-88873071 88873070
网址/https://press.hunnu.edu.cn
◇经销：湖南省新华书店
◇印刷：长沙印通印刷有限公司
◇开本：710 mm×1000 mm 1/16 开
◇印张：10.75
◇字数：168 千字
◇版次：2023 年 7 月第 1 版
◇印次：2023 年 7 月第 1 次印刷
◇书号：ISBN 978-7-5648-4986-3
◇定价：35.00 元

前 言

　　20 世纪 90 年代以来，互联网因其全时性、开放性、平等性、虚拟性、匿名性、多媒体性及容量大等特性风靡全球，成为人们最钟情的第四大众传媒。目前，高职院校校园已经成为我国互联网用户密集区域，互联网所传递的信息对高职院校大学生心理健康的影响也日益深远。这种影响犹如一把双刃剑，它给高职院校大学生提供了一个自我创造、扩大交往、增长知识、心理沟通、排除不良情绪的巨大空间，但也使高职院校大学生产生了不少的心理问题，对我国传统的心理健康教育和思想政治教育提出了严峻的挑战。

　　要做好大数据背景下高职院校大学生心理健康教育工作，首先要转变教育观念，在扬弃传统心理健康教育观念的基础上，应树立与大数据信息时代相适应的新的教育观，要创新高职院校大学生心理健康教育的内容和方法，加强网络心理健康教育，不断优化心理健康教育的环境，自主开发心理健康教育的资源，培养复合型大数据背景下心理健康教育者，这是高职院校大学生网络心理健康教育取得持续成功的关键。加强大数据背景下高职院校大学生心理健康教育，这是实现高职院校大学生心理健康教育现代化的迫切要求，是变革心理健康教育模式、充分发挥高职院校大学生主体性的客观需要。

本书对大数据背景下高职院校大学生心理健康教育现状进行论述，明确了理论基础和具体实施情况，对高职院校大学生心理教育进行了科学研究分析，以构建高职院校学生心理教育机制，并对大数据背景下高职院校学生心理健康教育提出了更完美的建议和对策，以期对我国高职院校教育工作有所帮助。

本书对大数据背景下高职院校大学生心理健康教育的理论和实践都做到了一一论述，力求对读者有切实帮助。同时也参考、借鉴了很多专家、学者们前沿的著作、期刊和文献资料，在这里对他们表示衷心的感谢！本书是在 2021 年芙蓉学者奖励计划项目的支持下完成的，由沈言锦担任总策划，冷洁负责撰写第一章、第二章和第三章，张坤负责撰写第四章和第五章。在撰写过程中，笔者虽极力丰富本书内容，力求完美无瑕，但本书仍难免存在疏漏和错误之处，还望各位同仁斧正！

冷洁　张坤

2023 年 6 月

目　录

第一章
大数据背景下高职院校大学生心理教育理论概述

　　任何一项研究都离不开概念和理论基础，要对大数据背景下高职院校大学生心理健康教育问题进行研究，就必须对大数据环境以及高职院校大学生心理健康教育相关问题进行深刻的分析和梳理，从而为大数据背景下高职院校大学生心理健康教育问题研究打好理论基础。

第一节　大数据背景下心理健康教育的理论依据和概念

一、大数据的概念

　　网络已是现代社会生活不可或缺的部分，对社会各方面都产生了深远而持久的影响。它也成为高职院校大学生学习与生活的重要工具，大学生入学、求职、社交等信息的获取与传播、情感交流等都离不开网络。

（一）大数据的含义

　　大数据也叫 Big Data、巨量资料。需要注意的是，大数据和大数据技术并不是同一个概念，大数据是人们在日常中产生的海量数据，是凌乱、粗放、未经过滤的，不能直接创造价值。只有运用大数据技术加工处理后，才能让它变得有价值。大数据作为一种全新的模式，超越数据本身的定义，从国家科技的发展到人们的日常生活，大数据以先进的技术手段应用于传统经济领域。麦肯锡将大数据定义为一个规模巨大的数据集，通过大数据资源的获取和存储、数据的管理和分析，快速筛选有价值的信息，以适应新的生产方式。大数据技术凭借其强大的数据挖掘、存储、分析能力，在教育、工业、医疗等行业以及众多场景中得到广泛应用。

（二）大数据网络的特点

大数据技术的出现以及广泛应用，使得现代社会发生了巨大的变化，也改变了人们对信息数据的认识。大数据概念和技术的出现，为高职院校管理和推进信息化教学提供了全新的视角。大数据时代背景下，数据已成为一种非常重要的生产要素，与人力资源、物质资本等生产要素的地位同等重要。将大数据技术融入教育领域，不仅能够对教学方式进行有效创新，帮助学生提高学习质量，满足学生的学习需求，也能够为高职院校提供全新的管理理念，从而优化教育管理模式。本书针对大学生心理健康问题，将大数据网络技术引入大学生心理健康教育，通过数据分析，对大学生心理健康状况进行科学合理的评价和判断，从而为大学生心理健康教育工作的有效开展提供重要的参考依据。将大数据技术引入大学生心理健康教育，还能充分发挥心理健康教育的指导作用，针对大学生的心理健康状况，提供个性化、有针对性的心理健康教育教学服务，对我国高职院校心理健康教育工作的有效开展和心理健康教育水平的提升具有极为重要的现实意义。

1. 大数据网络具有丰富性

网络的信息相当丰富，浩如烟海。国际互联网是由全世界各个国家的很多局域网和与之互联的电脑组成，它以离散式结构形态存在，不设中央控制设备，没有主控中心，它无边无际、无处不在。在大数据网络中，与人们打交道的是无数的站点或网址，人们可以跨国、跨地域发布或调阅信息，结交异国朋友。每个人都有同样的机会发表意见，无论地位高低、贫富差距、种族性别，都在一个平等的信息空间进行交流。但方式的"无限性"也带来了信息的"无限性"，大数据构成了一个数字化的多样世界，现实中存在与不存在的东西都可以在网上进行建构，各种思想意识、道德形态、生活方式、言语行为、性情品位，都可以在网上重新确认。众多的信息资源为人们打开认识世界的窗口，同时也打开了人性中潘多拉的盒子。网络世界成了"无序"的代名词。而一些网站和网吧唯利是图，推出了暴力游戏、迷你聊天等，更使"无序"的世界增添了几分险象与邪恶。无疑，大数据信息的丰富对高职院校大学生学习认识世界、掌握技能本领是有利的，但公害的"异军突起"，让人们多了无数担忧，也引发了人们对大数据背景下道德建设及教育的思考。

2. 大数据网络具有自由性

网络社会是一个每个人可以参与在内、角色能得到扮演、作用能得到发挥的社会。在这个高度自由的新世界，传统社会中普遍存在的对权威和权力的畏惧及对舆论的敬畏已经消失，人们可以自由地批评、写作、行动甚至单独行动。

人们的抽象思维能力和形象思维能力受到激发而异常活跃，创造欲望和创造激情在这里得到最大限度的发挥。互联网并不能改变人性，只是为不同的人性提供了更广阔的释放空间。生活在这个更广阔的空间中，人们不可避免地会有反规范、反市场的行为、语言和表达方式。在互联网上，人们找到了自由的"真实感受"。有人甚至说，自由是网络的灵魂。大学生网络违法犯罪大致有七种类型：第一，建立网站或匿名的个人网页，散布违反四项基本原则的言论。第二，利用网络泄露他人的隐私，损害他人的名誉。第三，建立色情网站或匿名个人色情网页。第四，窥视、窃取、修改他人网站的文档内容。第五，制造、传播计算机病毒。第六，盗窃他人上网账号、进行网上传销等。第七，通过网络窃取他人智力成果、侵犯别人的知识产权等。美国"信息高速公路"计划提出："高速发展的全球信息基础设施，将有机会获得同样的信息和同样的准则，从而使世界具有更大意义上的共同性。"这些违法犯罪行为之所以成立，很大程度上是基于网络的自由天地。虽然这些"自由言论"随着网络技术的不断发展和社会道德建设的要求陆续受到限制，但网络的自由本质根本上决定了网络的任意准入。

3. 大数据网络具有虚拟性

从根本意义上说，网络正以极快的速度，把各国、各地区、各行业和各部门连成一个整体，形成了所谓的"网络社会"或"虚拟社会"。这种从现实社会中衍生出来的"网络社会"，反过来也极大地影响、制约了现实社会的方方面面。甚至可以说，在一定程度上，离开因特网，现实社会可能陷入瘫痪。这种机器的异化状态在生活中表现出来就是"轻易地把你网在网中央"。它模仿制造出与现实世界极其相似的东西，甚至创造出现实世界中没有的东西，让人感受到从未有过的新的精神体验。网络上不断衍生出虚拟银行、虚拟工厂、虚拟商店、虚拟医院、虚拟社区、虚拟办公、虚拟图书馆、虚拟游戏，甚至还有"虚拟人生"游戏，这个虚拟的世界以其"美好的幻想"和"精神乌托邦"，满足并实现了人们的美好愿望和理想。部分学生沉浸在最具虚拟特性的聊天和游戏里，成了网络的"套中人"。网络的虚拟性让人们进入"无限制"状态，因而，他们可能会采取不负责的态度。

4. 大数据网络具有交互性

随着互联网技术的发展，大数据信息网络的传播具有互动作用和多向作用。人们不但可以从互联网上了解各种信息，同时还可以发布信息、评判信息和纠正信息，而大数据网络也因此真正成了一个"能动"的存在，把一个"无机"的信息世界变成了一个"有机"的世界。网络使用者可以根据自己的需要采取多种交互方式，主动选择和参与到各种信息环境中。电子商业、电子购物、电子教室、电子论坛、电子会议等网络交互形式为人们的社会生活提供了极大的方便，而网络动漫、网络留言、网络聊天、网络游戏、网络音乐和贴图，又为人们的日常生活打开了新的天地，为人们提供了全新的交往空间。在网络的交互式平台上，人们的主体意识被极大地调动和刺激了起来，其创造欲望和潜能都能得到极大的发挥。网络的交互性为人们提供了一个寻找和实现自身价值的平台，人们在网络中流连忘返，其满足感和快感常常就在这种自身价值寻找和实现的过程中得到激发。

网络之所以受到心理健康教育的青睐，在于它的某些特性在现实世界中难以达到，而又是心理健康教育极力追求的，即网络的某些特性满足了心理健康教育的要求。但是，网络也对心理健康教育的观念、内容和方法提出了新要求。网络在一定程度上使受教育者心理问题复杂，增加了心理健康教育的难度。所以，有必要加强大数据背景下高职院校心理健康教育的研究。

二、大数据背景下心理健康教育的概念

（一）大数据背景下心理健康教育的概念划分

黑格尔曾指出："真正的思想和科学的洞见，只有通过概念所作的劳动才能获得。"大数据背景下心理健康教育的研究应从界定"大数据背景下心理健康教育"的概念入手。大数据背景下心理健康教育，其实有两个含义：第一是大数据背景下的心理健康教育；第二是基于大数据背景下的心理健康教育。第一种含义是对大数据背景下心理健康教育的广义解释，是在大数据背景下提出的问题，如何对传统的心理健康教育从理念到内容、方法、方式和运作模式进行发展和创新，是构建大数据背景下心理健康教育的问题。[①] 第二种含义是利用大数据分析，为高校心理健康服务提供精准化的支持，对学生的心理健康状态进行跟踪、调查和研究，进而为学生提供更加个性化、量身定做的心理健康服务。从大数据背景下心理健康教育的实践中得出，上述两种认识所提到的问题，是相互重叠的，是不同层次的。

对大数据背景下心理健康教育概念的界定首先是从狭义的理解开始的，即把大数据作为一种信息技术和信息交流平台，利用大数据网络技术进行心理健康教育。[②] 傅荣较早把利用网络对大学生进行心理素质培养、解决心理问题，提高其心理健康水平的专业性教育手段和措施，称为网络心理健

---

① 陈雪琴. 浅谈网络环境下如何创新高职院校大学生心理健康教育 ［J］. 现代营销（创富信息版），2018（11）：211.

② 易晟男. 构建网络环境下高校大学生心理健康教育新模式 ［J］. 创新创业理论研究与实践，2021，4（22）：124－126.

康教育。其内容包括网上心理培养、网上心理训练、网上心理辅导、网上心理咨询、网上心理测验、网上心理诊断、网上心理治疗等。后来有学者也认为，大数据背景下心理健康教育是指，心理健康教育工作者运用大数据网络技术及相关功能，以多种方式帮助来访者解决心理问题，提高其心理素质水平的过程。这些界定是从狭义的角度切入的，把大数据背景下心理健康教育理解为网络心理健康教育，即在大数据背景下以网络为载体开展的心理健康教育，但没有反映网络和网络心理健康教育的本质。

后来，一些学者意识到互联网心理健康教育是一个开放的动态概念，可以从五个方面认识它的含义：互联网是心理健康教育的工具；互联网是心理健康教育的环境；互联网是心理健康教育的资源；互联网是心理健康教育的内容；互联网是心理健康教育的体系。学者们对网络心理健康教育的科学界定有助于我们更好地把握其实质。在网络心理健康教育中，首先，网络是心理健康教育的一种新工具、新手段，信息网络的各种新技术为心理健康教育提供了许多方式和途径；其次，网络也创造出一个不同于现实社会的虚拟社会，这个虚拟社会不仅为心理健康教育搭建了一个平台和环境，提供了丰富的信息资源，而且对传统制度化教育的各个要素产生了深刻的影响，即教师权威由单极化向多极化发展，学生的个体中心地位彰显，其主体意识得到前所未有的增强等；最后，网络作为一种新兴的技术也是一把双刃剑：尽管网络在某种程度上可以减轻人们的心理压力、增强人们的自信心（如通过宣泄、发挥个人创造性等），但它也会直接导致和诱发许多心理问题，所以，网络本身应成为心理健康教育的一个重要对象和内容。

大数据背景下心理健康教育的基础是传统心理健康教育，它首先是一种教育理念、一种贯穿于一切教育活动的教育信念和态度，心理健康教育也是一项由许多的教育活动组成的教育工作。同时，又因为心理健康教育是以大数据为媒介的，大数据的本质也必然会反映到大数据背景下心理健康教育的本质中来。大数据背景下的本质是人与人之间一种开放的联系。李普纳克和斯坦普斯在《网络的形成》一书中写道："网络就是连接我们共同活动、希望和理想的连环；网络形成是形成人们相互联系的过程。"若抽取共同的本质属性，从上述多种界定可以看出，经过多年的实践探索和理论磨合，我国学者对心理健康教育内涵的认识已渐趋一致，其共同的核心旨趣就是着眼于有意识、有目的地促进人的心理发展，关注和建构人的心理生活，发展和提升人的心理素质。

因此，我们认为，伴随着以互联网为代表的信息网络技术的兴起和普及，网络心理健康教育不仅是传统心理健康教育在其领域、方式及手段上的拓展和延伸，更是一种新颖的心理健康教育模式和理念，是心理健康教育发展和创新的新趋势。以互联网为代表的信息网络技术具有数字化、网络化、高速化、信息容量大、虚拟化的特点，除了促进心理健康教育内容、方法和手段的创新外，其平等的社会内涵也推进了心理健康教育理念的创新、自主性和互动性。① 作为对时代的回应，网络心理健康教育不能只是技术和工具层面上的，而应该在此基础上进行整体性的心理健康教育理念转换。从大的方面来看，网络心理健康教育不但是指在网络上进行心理健康教育，也指网络心理教育。

（二）大数据背景下心理健康教育的构成要素

按照系统论的观点，心理健康教育是教育工作者通过多种途径并运用多种手段，从学生的心理实际出发，有目的、有计划地对学生心理的各个方面进行积极的宣传和教育，促进学生个性全面和谐发展，维护学生心理健康的系统工程。系统论既指出了心理健康教育的内容、实质和过程，又明确了其是一个需要通过多种途径、多种手段、多方努力的系统工程，比较丰富而全面。② 从系统论的视角看，大数据背景下心理健康教育体系的各构成要素与现实心理健康教育具有一致性，只是大数据信息网络赋予其各要素新的要求。

1. 大数据背景下心理健康教育的教育环境

大数据网络既是我们现代生活的一种"工具"，也是我们生存环境的一

---

① 曹烨.基于网络环境的高校大学生心理教育方法探索［J］.教育观察，2020，9（10）：21－22.

② 母瑛.浅析自媒体背景下高校大学生心理教育［J］.中外企业家，2019（14）：168－169.

个重要组成部分，所以网络既是一种"工具"，又是一种"环境"，作为工具的网络普遍广泛应用的结果便成了一种"环境"。网络作为工具，我们可以随意使用，也可以随时弃置；然而，网络作为一种环境，却如影随形，难以摆脱。当然，对于环境，我们既可以主动适应，又可以整合、优化。从"工具"到"环境"，体现了人们对网络认识的升华："工具"只是我们生活的一部分，而"环境"则具有育人的功能。正是由于网络环境变成了一种新的育人环境，从而扩大了网络心理健康教育的范围，人们才从生理、心理、社会适应、行为方式、个性培养等各方面研究大学生心理的新情况、新问题，才开始重视挖掘网络环境对心理教育活动的积极作用。

与其他教育环境相比，大数据网络环境的最大特点在于它的虚拟性。网络可以通过数字化的虚拟，对现实世界予以再现。而任何事物都具有两面性，网络也不例外，大数据网络的虚拟性、开放性、自由性等特点对于人和社会的发展有利有弊。因此，在大数据网络环境中，要充分发挥人的主体性和能动性，既要主动地适应网络环境，也要在建构网络环境的过程中整合各方面的资源，充分挖掘网络资源对心理健康教育的有利资源并加以利用，剔除和屏蔽对学生身心发展有害的因素。要加强对学生正确价值取向的教育，引导大学生辨别是非，选择积极的网络信息，提高学生的自我控制能力和被虚拟网络环境影响的能力。

2. 大数据背景下心理健康教育的主客体关系

一般教育活动的主客体关系也同样存在于大数据网络环境的心理健康教育活动之中。心理健康教育从现实向大数据网络延伸，仍然和一般教育活动一样具有明确的规定性和价值导向性。也正是教育活动所固有的本质属性决定了大数据背景下心理健康教育中主客体关系的必然存在。在大数据背景下心理健康教育活动中，同样存在虚拟主客体的相互交往，以及虚拟主客体的差异性。这种建立在虚拟交往实践基础上的主客体关系也呈现了新的特点：一是对虚拟情境的依赖性；二是主客体的动态建构性。

在大数据背景下进行心理健康教育，教育的主体变成了网络信息传播中的"把关人"，他们负责网络信息的收集、传播和监控，兼具信息传播者和心理健康教育者的身份，同时，他们还必须掌握现代网络技术，练就扎实的专业功底。在网络心理健康教育中，教育主体的特点是非主体性，系统没有给它指定身份。因为它们的职责不是说服和引导，而是要给受教育对象提供选择和指导，引导受教育对象，也就是网络社会的网络人去获取积极的信息和做正确的事情。

网络虽然是一个虚拟的世界，网络消费者（教育客体）都是经过虚拟和符号化的，但他们反映的仍然是现实世界中的人，在现实生活中，他们仍然是活生生的、有情感的，具有主体性和主观能动性的人。同样，大数据背景下高职院校心理教育中的客体也是现实世界中有主体性和主观能动性的人。正因如此，网络世界中的主体性就具有了其独特特征，即网络虚拟世界中所表现出来的主体性就是其在现实世界中主体性的反映。

大数据背景下的心理健康教育，教育主体之间、客体之间的地位都是平等的，或许正是因为这种平等的关系，相互的交流会更为深入、有效，更具人文关怀，这是大数据背景下心理健康教育取得良好教育效果的前提。

3. 大数据背景下心理健康教育的教育内容

大数据背景下高职院校大学生心理健康教育的内容包括两方面：第一，是指在网上开展现实心理健康教育的内容。主要有通过网络宣传和普及心理学方面知识，在网上开设心理学课程，举办网上心理健康知识专题讲座，针对高职院校大学生进行学业心理指导、人际交往指导、人格辅导等方面的辅导以及开展网络心理咨询等。第二，提高高职院校大学生网络心理素质以及预防和矫正高职院校大学生网络心理问题也是高职院校大学生心理健康教育的重要内容。①

4. 大数据背景下心理健康教育的教育方法

大数据背景下心理健康教育是在传统心理健康教育方法的基础上，通过一些技术手段使其现代化、科学化。也可以说，是在传承传统心理健康

---

① 范峻彤. 探讨构建网络环境下高校大学生心理健康教育的模式［J］. 才智，2020（07）：216.

教育方法的基础上，与新的大数据网络技术进行融合，并且不断创新。

大数据背景下进行心理健康教育的特点不同于传统的心理健康教育方法。首先，传统的心理教育注重教育者对受教育者进行填鸭式的教学，而大数据背景下心理健康教育重视二者之间的互动和分享。其次，因为大数据网络具有空间的局限性，和高职院校大学生面对面的教学也是不存在的，所以我们不采用传统的填鸭式教学。最后，大数据网络可以为高职院校大学生提供纷繁复杂的信息，而网络心理健康教育会引导他们去选择积极的、有利于自身发展的信息。

（三）大数据背景下心理健康教育的特征

网络心理健康教育的出现是现代心理健康教育需要的表现，是心理健康教育适应现代科技发展的需要。从传统的角度来看，网络心理健康教育作为一种新的心理健康教育方式，并不是对现有心理健康教育的突破，而是继承；不是对现有心理健康教育方式的背弃，而是发展；不是对现有心理健康教育方式的脱离，而是超越。现实心理健康教育与网络心理健康教育既有联系又有区别，互为补充。下面从教育主体、客体、内容、方法、活动等方面阐述其不同于现实心理健康教育的显著特点。

1. 教育主体非固定化

大数据网络已经内化成了现代人的一种生活方式，因此不能简单地把"网络心理健康教育"理解为在大数据网络空间中开展的心理健康教育活动，而应把其当作一种全新生活世界与生存境遇中的全新价值教育形态。大数据背景下的心理健康教育主客体关系的特性与趋势主要取决于网络化的生活方式对人的主体性的拓展，表现为教育主体的"去主体化"、教育客体的"主体化"和主客体关系的相对性、平等性。因此，要实现大数据背景下心理健康教育理念、原则与方法的创新，推进大数据背景下心理健康教育的理论构建与实践应用，首先必须了解网络时代网络化生活方式的特点与教育主客体关系的变化特征。

在大数据背景下心理健康教育中，教育主体的"非主体化"使教育主客体在心理教育活动中处于平等的地位，他们提供的是"影响""选择"和

"引导"，而非"说服""说理""灌输"，因而更能体现教育主体的人文关怀，更具亲和力和影响力，也就更具有取得心理健康教育效果的重要前提。

在这里，必须指出的是：新科学技术在心理健康教育中的应用丝毫不会削弱教师的地位和作用，相反，它建立起了一种新型的师生关系，教师从"独奏者"的角色过渡到"伴奏者"的角色，不再扮演传授知识的角色。他们引导、组织和帮助他们，而非去塑造他们。在网络心理教育中，教育者的影响不再是建立在对学生被动接受的关系上，而是通过各种信息和途径，激发他们的兴趣和好奇心，调动他们的积极性，让他们在教育者的引导下积极主动地探索知识、参与学习。

2. 教育客体更具能动性

在网络心理健康教育中，受教育者（教育客体）更能发挥主观能动性，即受教育者能根据自己心理感受选择自己需要的相关心理健康教育信息和内容。传统的教育总把受教育者看成被动的教育对象，而没有把受教育者当成教育的主体来对待，而在大数据网络心理健康教育中，教育者和受教育者同是教育活动的主体，他们地位平等，把教育活动当成一种双向交流的互动过程。从这个意义上讲，受教者在活动中所体现出来的主体性、主动性和主客体之间互动交往性是传统的心理健康教育难以望其项背的。学生可以以求助者的身份在网络中出现，通过 QQ、论坛、发帖等方式选择自己需要的信息、内容和服务；同时，学生还可以以助人者的身份出现，给网络中求助者提供相关的心理健康教育内容、理念和方法，从而实现教育者和接受者之间的互动和交流。网络心理健康教育活动中这种"他助—互助—自助"的机制，吸收了一般心理健康教育的精华，弥补了自身的不足，在很大程度上增强了心理健康教育的效果。

在网络心理健康教育中，教育客体是指网络社会的"网民"或"网人"，是以"网络世代"为主（简称 N 代，即 Net-generation）。"网络世代"具有反传统、追新潮，反从众、重个性，呈现愤世嫉俗的倾向，富有怀疑精神和创造力等特点。在网络心理健康教育中，参与者通常会非常积极主动。他们主动和别人沟通，寻找帮助，为自己选择有用的信息，经常主动帮助那些寻求帮助的人，同时运用自己掌握的知识与经验来说服和指导别人。

即使是最具专业素养的心理专家，他们的专业知识、人生阅历，所掌握的心理健康技巧也难以满足形形色色的求助者的需要。而在大数据网络世界中，每个求助者都能找到与其具有相似的个性心理特征、成长环境或人生际遇的助人者，因此，在大数据背景下，这种具有不同个性特征、不同经历、不同教育背景、不同成长环境、不同人生际遇的网民（助人者）成了一个"集合体"，并有成为"业余的"或"兼职的"心理健康教育者的可能，而成为心理健康教育的主体。

在网络世界里，在教育主客体之间这种新型关系以及自助机制影响下形成的多极交互主体性的共同作用下，形成了大数据网络心理健康教育的新模式，对这种新型的心理健康教育模式，要"因势利导"，更要"造势引导"。

3. 教育内容多元化

在大数据背景下，网络教育成了完全开放式的教育。网络的开放性、自由性和超时空性的特点为心理健康教育提供了大量教育素材和教学内容，提供了一个相互交流、自由豁达的空间，提供了一个扬其所长、助人为乐的平台，更为现代心理健康教育提供了前所未有的教学组织形式。

教育内容在网络心理健康教育中，通常有自己的新特点：①由于多媒体网络具有再现性、整合性、互动性、扩展性、虚拟性等功能，它不受时间、空间、微观、宏观的束缚，教育内容从平面到三维、从静态到动态变化，显示出超空间的趋势。②因为网络的集成扩充功能，计算机网络上的教学内容无穷无尽，丰富多彩，具有生动形象、感染力强的特点，易于激发学生的兴趣，对感知、理解能起到有益的影响，还能更好地适应每个学生的个体差异，实现因材施教。③同时网络具有不可控的特点，网络中既有对心理健康教育有益的内容，也存在对心理健康产生负面效应的信息。因此，高职院校心理健康教育者在进行网络心理健康教育时要学会因势利导，充分利用网络有利于学生身心发展的信息，屏蔽垃圾信息。

网络作为大数据背景下心理健康教育和网络德育工作实施的载体与平台，提供了丰富的信息资源和教学内容。另外，网络本身也被列为网络心理健康教育和网络德育的一个重要部分和内容。

4. 教育方法具有现代性

高职院校大学生网络心理健康教育方法改变了传统的以学校、课堂、书本为心理健康教育的主要阵地，以心理咨询为主要形式的心理健康教育模式，变被动为主动、变单向说教为双向互动，把显性教育和隐性教育相结合，体现了开放、民主、平等的时代特点。

大学生网络心理健康教育方法坚持从时代的实际出发，认识到互联网的发展变化及对高职院校大学生的双重影响，考虑到高职院校大学生网民的特点和心理状况，建立高职院校大学生心理健康教育主题网站，运用网络心理咨询法，把建立网络心理健康教育队伍作为大学生网络心理健康教育的重要举措，增强了心理健康教育的效果，提高了教育效率，扩大了教育规模，从而使心理健康教育更具影响力、说服力和感召力，实现了网络心理健康教育的实效性。

信息化已经成为当今世界发展的潮流。以教育的信息化带动教育的现代化，实现了高职院校大学生心理健康教育方法的跨越式发展，比传统的心理健康教育方法更具有时代性。

5. 教育活动具有网络性

由于网络技术与资源上的优势，在现行学校教育中做不到的事，在网络教育中却能够做到，这正是网络教育的特点所在。网络心理健康教育活动的特点集中表现为以下四点。

（1）网络心理健康教育活动可以在超时空状态下进行。现实的教育往往要受到时间和空间的限制，在固定的场所、固定的时间从事固定的教学活动。网络教育则突破了时空的限制，就网络心理健康教育而言，一个当事人在网上求询，他可能是在远隔万里的异国他乡，只要踏入网络，轻轻点击有关心理咨询的网站，指导者与当事人就可以实现零距离的接触；就时间而言，当事人的心理困扰受消极情绪的影响较大，而消极情绪的出现无法用时间来估算，当他最需要接受指导的时刻可能在现实生活中是无法满足的，而在网上则不受时间的限制，不管是在烈日高照的正午，还是在寒风凛冽的深夜，只要有心理上的渴望，当事人随时都可能进入网络时空，接受心理指导和救助。

（2）网络心理健康教育活动的信息容量大、即时性强。网络能够提供的心理健康教育信息几乎是无限的，关键在于当事人如何去选择。当一个求询者怀着某种期望在网上求助时，他首先可以选择不同的（心理）站点获得帮助，当涉及某些信息时，可以选择站内搜索，也可进行网际链接，还可对不同专家提供的服务进行比较，选择适合自己需要的帮助，直到满足自己的心理需求为止。网络传递的信息具有迅速扩张的特性，只要当事人进入某一心理服务的网络界面，服务的信息就能迅速地发挥作用，不会有人为的阻隔，尤其是对那些突发性的心理问题，网络能提供即时的帮助，对这些问题实施有效的干预，或者减缓问题行为的产生。

（3）网络心理健康教育活动具有生动性与互动性。设计完善的网络心理健康教育活动，其生动性并不亚于现实活动，以个别心理咨询为例，当求询者步入咨询场所，常常由于心理上的紧张而显得局促，尤其是求询的早期阶段，因此，心理健康教育活动的生动性就难以体现出来。相比之下，网上咨询可以除去不利的外围因素的干扰，而网上图像的设计、文字的表述、相互交流的声光信息则能够给当事人带来某种新奇和激奋。由于当事人实施求助是以个体的身份进入网络的，人机互动的特征非常明显，他会根据自己的需要以任何一种可行的方式与指导者沟通，获取有益于自身的信息，而不必顾忌其他方面的限制。

（4）网络心理健康教育活动是一种自助性、隐秘性活动。心理健康教育的宗旨是"助人自助"，这在网络心理健康教育活动中表现尤为突出：是否选择网上求助是每一个当事人的自由，如果选择了网上求助，那么，选择什么方式的网上求助也是当事人必须予以选择的。比如，是选择与专家交流，还是选择自主训练，或者是自助阅读，这些都是当事人自主决定的。从某种意义上说，选择网上求助本身就是心理自助的一种表现。既然是一种自助活动，那就具有相当程度的隐秘性。网络空间本身就被称为"虚拟社会"，虚拟性自然导致隐秘性，在网上心理求助的过程中，当事人可以任意地创造代号，能够随意隐匿自己想要隐匿的东西，包括种族、身份、地位等，同指导者交流时大可不必担心自己的隐私。一方面，指导者的职业道德性会保守当事人的秘密；另一方面，网络本身就起到了保守当事人秘密的作用。

三、大数据背景下高职院校心理健康教育体系

（一）大数据背景下高职院校心理健康教育体系的含义

"体系"在汉语词典中的释义是指"若干有关事物或某些意识相互联系的系统而构成的一个有特定功能的有机整体"。网络心理健康教育不单是网络技术的飞速发展所催生的一种新的教育方式，而且是一种具有独立教育内容、独特教育途径与方法的全新教育体系。纵观我国高职院校网络心理健康教育近十多年的发展，不难发现其理论和实践缺少整体性推进，而多在局部围绕某一方面展开，这制约了网络心理健康教育的深入推进，限制了网络心理健康教育整体功能的发挥。因此，在大数据时代，构建高职院校网络心理健康教育的体系，发挥其整体功能，已经成为目前我国高职院校网络心理健康教育的迫切要求。

构建大数据背景下高职院校网络心理健康教育体系，一方面要确定网络心理健康教育体系的内容。高职院校网络心理健康教育体系是一个完整、复杂的系统，它主要由网络心理健康教育理论和方法、网络心理健康教育内容、网络心理健康教育运行机制、网络心理健康教育目标等所组成，其中每一个方面又是一个子系统。要构建高职院校网络心理健康教育体系，首先要对各个子系统进行分门别类的研究，建构网络心理健康教育体系的子系统。另一方面，要抓好网络心理健康教育体系的内在整合，处理、协调系统各子系统、各要素之间的关系，如教育者和受教育的双主体互动、网络心理健康教育目标与内容的一致，探索线下心理健康教育与网上心理健康教育的有机衔接和有效沟通，建构起立体化、全方位的网络心理健康

教育模式，形成一个具有不同层次、动态与静态结合、各子系统协调统一，既符合网络时代大学生心理素质教育要求，又切合大学生心理健康发展需要的结构合理、功能互补的网络心理健康教育系统，从而全面实现网络心理健康教育的目标。

可见，高职院校网络心理健康教育体系的理念、对象、指导理论、内容、方法、师资以及管理等方面是一个有机的整体，它是一个由若干子体系构成的系统工程，包括教育目标、教育内容、运行机制及其教育途径与方法等子体系，各子体系间相互影响、相互作用，其协调程度极大地影响着网络心理健康教育功能的整体发挥。

（二）大数据背景下高职院校心理健康教育体系的特征

（1）大数据背景下高职院校心理健康教育体系具有开放性。开放性是网络社会的基本特征之一，虽然在现实中出于种种需要对网络进行监督和控制，但这并不能改变网络的开放性特征。高职院校网络心理健康教育体系的开放性是指网络心理健康教育体系一方面是与其他学科和理论处于关联和互动中，是一种新的开放的而不是封闭的综合体系；另一方面大数据背景下高职院校心理健康教育体系不是一成不变的，而是与时俱进的。因此，开放性应是高职院校网络心理健康教育理论体系的首要特征。

（2）大数据背景下高职院校心理健康教育体系具有创新性。创新性是网络时代或网络社会的本质特征之一，也是高职院校网络心理健康教育理论体系的基本特点之一。一方面，网络心理健康教育研究要不断认识新情况、研究新问题，在理论上和方法上不断创新，这是网络心理健康教育理论体系构建的首要条件和基本前提。另一方面，要不断更新原理和观念，网络心理健康教育实际运行的发展与更新应紧随计算机网络技术前进的步伐。只有这样，才能保持高职院校网络心理健康教育体系的生命力。

（3）大数据背景下高职院校心理健康教育体系具有综合性。网络心理健康教育是网络与心理健康教育相结合的产物。它融合了多种学科的理论，其体系研究范围具有综合性。但网络心理健康教育理论体系的内容并非对有关学科内容的简单拼凑。作为一个完整体系，其内容必然有其内在的逻辑联系和较好的综合性。

（4）大数据背景下高职院校心理健康教育体系具有实用性。大数据背景下高职院校心理健康教育的理论体系与网络心理健康教育的实践息息相关。从网络心理健康教育理论研究方面来看，是对网络心理健康教育实践经验的总结，大学生的网络活动和实践成为网络心理学研究的根本；对网络心理健康教育理论研究成果也需要在网络心理健康教育实践中进行检验，指导高职院校网络心理健康教育实践。

（三）大数据背景下高职院校心理健康教育体系的内容

现代网络技术不断发展和应用深化，必然要求传统心理健康教育理念、内容、方法、途径的改变和更新。因此，大数据背景下高职院校心理健康教育应当是一个包括以下广泛内容的体系。

1. 大数据背景下心理健康教育概念及与现实心理健康教育的关系

大数据背景下的心理健康教育概念的界定包括大数据背景下心理健康教育的内涵、特征以及它与现实心理健康教育的关系，推动网上心理健康教育与网下心理健康教育有效衔接、相互促进、有机融合等方面。

因此，应在沿用和整合现实心理健康教育工作模式（如教育模式、辅导模式、互助模式、危机干预模式等）的基础上，构建大数据背景下心理健康教育的运作模式：主体发展性模式、互动对话式模式和人本人性化模式，达成大数据背景下心理健康教育与现实心理健康教育的一致性目标，建立和完善三级目标，即发展性目标、预防性目标、治疗性目标。

2. 大数据背景下高职院校心理健康教育的现实依据

对大数据背景下心理健康教育的研究，首要的是全面客观了解当前高职院校大数据背景下心理健康教育的实际情况，只有从实际出发，理论体系的构建才能有据可依。

大数据背景下高职院校心理健康教育的现状分析包括两个方面：一是高职院校大学生对大数据背景下心理健康教育的认知和需求；二是大数据背景下高职院校心理健康教育的实施情况。对这一现状的掌握要通过实证研究的方法，掌握真实的数据和材料，在此基础上客观理性地分析大数据背景下高职院校心理健康教育目前存在的问题。

3. 大数据背景下高职院校心理健康教育的理论依据

大数据背景下高职院校心理健康教育的理论探讨包括大数据背景下心理健康教育的指导理论、基础理论以及理论借鉴。可见，学科间的逻辑联系是大数据背景下心理健康教育研究进行多学科借鉴的科学依据。

大数据背景下心理健康教育理论的不断丰富和发展，需要充分吸收上述学科的最新理论成果。目前很多学者从不同学科视角出发对网络心理健康教育理论进行了探讨。比如有学者从政治学的角度提出用科学发展观指导大学生网络心理健康教育，从网络心理学的视野去分析网络心理健康教育的基本特征，等等。这也为网络心理健康教育研究多学科整合提供了宏观视野。

4. 大数据背景下高职院校心理健康教育的对象分析

大数据背景下高职院校大学生的心理，包括大学生网络心理问题的分类和大学生产生心理问题的原因分析，以及大学生的各种心理现象产生、变化和发展的规律与行为特点。因此，高职院校网络心理健康教育的一个最根本的任务，就是从大学生网络和网民的现实出发，如运用道德心理的理论，分析大学生网络道德心理的现状，研究提升大学生网络道德心理的对策；运用学习心理的理论，分析大学生网络学习心理的现状，研究优化大学生网络学习心理的对策；运用人际交往心理的理论，分析大学生网络人际交往心理的现状，研究调适大学生网络人际交往心理的对策；运用性心理与爱情心理的理论，分析大学生网恋心理的现状，研究调适大学生网恋心理的对策；分析大学生网络沉迷、成瘾的现状，研究大学生网络沉迷的预防以及大学生网络成瘾治疗的对策；运用犯罪心理学的理论，分析大学生中的网络犯罪类型及原因，研究预防大学生网络犯罪的对策；等等。

5. 大数据背景下高职院校心理健康教育的内容和方法

高职院校心理健康教育内容要充分体现受教育者的需要。就受教育者的需要类型而言，主要有获取心理健康知识的需要、解决心理问题的需要、参与心理健康教育活动的需要等。首先，要拓展现实心理健康教育内容，使相关教育内容尽可能满足受教育者各个方面的需要；其次，要结合受教育者的日常生活开展网上心理健康教育活动，找到宣传教育的切入点；最后，要善于根据不同类型的心理需要，提供各种形式的网络心理咨询服务。心理健康教育的内容可分为障碍性内容和发展适应性内容两大块，依据大数据背景下心理健康教育的优势和高职院校大学生自身认知水平较高的特点，大数据背景下心理健康教育的内容应该以发展适应性内容为主，侧重于解决高职院校大学生在成长适应过程中所遇到的各种心理问题。一是通过网络建立大学生心理健康教育知识系统；二是将解决大学生网络心理健康问题作为教育的重要内容。当然，和现实心理健康教育的有机结合有利于教育内容的整合。

进行网络心理健康教育，要对现实心理健康教育的方法进行沿用和整合，探索适应网络时代特征的新方法。所以，一方面，我们要充分发挥中国传统文化在大学生网络心理健康教育中的作用；另一方面，要借鉴和整合国外心理学的方法在大学生网络心理健康教育中的运用并积极创新，探索网络心理健康教育的新方法。

6. 大数据背景下高职院校心理健康教育的实施和评估

网络心理健康教育的实施研究包括其实践途径和实践队伍建设。进行网络心理健康教育实践主要是在建设心理健康教育网站、进行心理健康的宣传教育的基础上，实现网络心理咨询、网上心理测试、网络朋辈心理辅导和互动交流、网上网下结合的反应机制等。在线即时咨询、校园 BBS 咨询、留言本咨询、电子邮件咨询是大数据背景下高职院校心理咨询的主要服务形式。

实施网络心理健康教育，拥有一支理论水平高、业务能力强的网络心理健康教育专业队伍是关键。我们应该探讨网络心理健康教育队伍建设的重要性、网络心理健康教育队伍的素质要求及其培养、网络心理健康教育队伍的选拔和管理等。网络心理健康教育是一项专业性强的综合性工作，不仅要求教育者熟悉心理健康教育的一般原理和方法，还要求他们熟悉网络专业技术和与时俱进的网络文化。比如网络心理咨询，对咨询师文本的感知和理解及其文字表达能力有特别要求。这就需要完整的网络心理咨询师认证制度，同时对网络心理咨询从业人员进行培训和考核，以培养有专业素养的网络心理健康教育队伍。

评估是构建网络心理健康教育体系的最后一环，改进和完善网络心理健康教育必须以评估为依据。高职院校应该通过建立完善的评估体系来评估网络心理健康教育的成效，在评估过程中发现问题并制订解决问题的方案，让网络心理健康教育得以可持续地发展。

第二节　大数据网络环境对高职院校大学生的影响分析

网络是一把双刃剑，适当地使用对个人的心理行为、个性表现以及社会的发展进步能产生积极的影响，而过度地沉溺或者病理性使用则可能产生一系列的负面影响，如一些大学生沉迷于虚幻的网络世界不能自拔，就严重影响了身心健康。[1] 统计表明，互联网在大学生中的普及率已接近100%。当网络心理健康日益成为社会关注的热点时，大学生作为网络使用的主体和先锋，其网络心理健康问题也逐渐凸显出来。

一、大数据网络环境对高职院校大学生心理的影响

（一）网络心理问题——大学生网络成瘾

在网络使用中，上网时间长对大学生心理健康状况有较大的消极影响。与心理咨询相对应，大学生的网络心理问题可简单地分为发展性心理问题和障碍性心理问题。也有研究把大学生网络心理问题细分为五类：认知冲突与思维障碍、网络引起的人格冲突与障碍、大学生网上人际交往中的心

---

① 蒲晶晶. 网络环境下高校大学生心理教育新模式构建策略研究［J］. 作家天地，2020（19）：104－105.

理问题、大学生网络心理障碍、网络成瘾综合征。

除了网络成瘾综合征之外，网络成瘾表现在大学生的日常生活和学习中，可能是举止失常、神情恍惚、胡言乱语、性格怪异等。大学生可能或正在养成并在实际生活中实践着网上的行为心理，具体表现在以下三个方面：第一，撒谎。网络的匿名性，让人无视传统与道德，暴露原始的自我。这种心理与行为会转移到现实中来，成为撒谎行为。第二，孤独。喜欢上网的人或者经常上网者都会有这样的感受，计算机出现了故障或者停电了就会出现一种焦急的心情，因为交流中断了，他们陷入了孤独之中。有的大学生一旦离开电脑，就很难表达自己，无法与他人沟通。宏大的虚拟网络使个人越来越感到孤独和渺小。第三，冲动。虚拟空间是浩瀚的夜空，深邃、神秘、广袤，数字信息的无限性、不对称性，使人永远无法穷尽地使用它，也根本无法触摸它。而神秘、新奇、刺激更加激起人们探索的欲望，这种情形使成瘾者无法拒绝网络。第四，暴力。大学生具有活力，身体的能量需要释放。暴力性的游戏，是他们心理发泄的一种方式。第五，淫逸。色情对人的腐蚀是无处不在的，因为人具有性的本能。沉溺于色情网站使大学生走向性的反面，夸大性的快乐，而不能正确看待性的伤害、性的社会性，致使一些大学生性放纵，缺乏正确的性观念。第六，空虚。如果没有正确使用网络，在网络上随波逐流，没有自己的航标，那么大学生的心理将是空虚的。

（二）网络失范行为——网络犯罪

网络成了越来越多大学生成长中新的"虚拟空间"，而"虚拟空间"也是容易发生失范行为的地方。大学生又正处于人格、自我意识形成但尚未确立的时期，心理发展极易受到网络环境的影响和冲击。加之不少大学生网络道德意志薄弱，缺乏自主性和自律性，表现出对网络的过度依赖和迷恋，从而出现各种形式的网络失范行为。

失范行为，又称偏离行为或偏差行为，大多数学者认为失范行为是消极行为或反常行为。由于对网络失范行为的研究方法不同，其定义也有所不同。代表性的观点认为，对于网络失范行为的判定是通过把它的行为结果和与之类似的现实失范行为进行类比，然后再确定这种行为是否属于网络失范行为。

1. 高职院校大学生网络失范行为产生的原因

关于网络失范行为产生原因的理论观点，主要有线索滤掉理论、社会认同理论、双自我意识理论、个人—情景交互作用理论。个人—情景交互作用理论对网络失范行为产生原因的解释较为全面，认为这既是网络的特点所导致，又是基于个体自身原因产生的。国内一些学者的实证研究也表明，大学生网络失范行为产生的原因既与互联网有关，又与现实因素、个体因素有关。

大学生网络失范行为的出现，有个体自身因素，也有环境因素，往往是个体和环境多种因素交互作用的结果。一般认为，大学生网络失范行为从产生到发展的心理机制是一个从量变到质变的过程。

不同个体受到不同的主客观因素影响，最初会在心理方面表现出一些变化，如产生焦虑、抑郁、恐惧等内向性行为，或攻击性、退缩性、违规性和适应行为落后等外向性行为。随着这些心理问题行为朝习惯方向发展（即量变过程），就会造成其失范行为相对定型的质变。更有甚者，发生人格内在结构的失衡变化，即认识、感情、欲望的无序和失控，达到一定的"度"，就会导致丧失尊严、缺乏责任心和放荡不羁等人格扭曲与人格变态的质变，至此出现各种不良行为或严重违法行为。

2. 高职院校大学生网络犯罪心理分析

（1）网络犯罪心理成本低。网络犯罪不仅经济成本低、法律成本低，心理成本也很低。心理成本是行为人实施犯罪行为时对于受社会道德谴责和可能受法律惩罚的恐惧所导致的心理压力。网络上有每个人的秘密空间，没有其他人的眼睛盯着，受到的心理压力可能要小得多。而且，虽然进入别人的网络空间开始需要费一番周折，一旦进入，执行一项犯罪指令的速度是相当快的。所以，网络犯罪时间的短促性以及隐秘性使网络犯罪者在犯罪时的自我谴责和现场心理恐惧感大大降低。特别是持有"黑客网络伦理"的行为者认为对计算机网络的访问是无限制的、纯粹的，只要动机纯洁，就有权闯入任何网络。所以，即使他们在非法入侵计算机系统、破坏计算机安全后，仍坚持认为自己是为了更好地完善系统，非但无罪，反而有功。此时，他们的心理成本几乎等于零。

（2）可以藏匿的秘密心理。有人认为网络可以藏匿、不被人发现，其实这是一种错误的认识。因为网络上的每一台计算机都有自己的身份，也就是自己的 IP 地址，只要上网者进入网络，也就必须交出自己的身份。其实，网络没有什么秘密可言，认为网络是永远秘密的、隐藏的、别人看不到的观点是一种错误的认识。但是，有部分大学生持有这种错误观点，甚至不惜以身试法。

（3）非暴力心理。大学生心目中崇尚独立个性的观念，认为网络犯罪是一种非暴力的技术活动，不涉及实际接触和物质对抗。网络犯罪的手段依赖于行为人丰富的网络专业知识，并以科技为掩饰。他们崇尚技术，将网络技术犯罪形式视为自身身份的一部分，对于简单形式的犯罪持蔑视态度；他们排斥暴力，对涉及暴力的网络犯罪持极为不屑的态度。

（4）情绪失控。情绪对于人的行为、动机具有发动和制止的作用，它在人的个性形成中具有十分重要的意义，在道德心理与犯罪心理的形成中，起着催化剂的作用。由于情绪的失控，就可能表现出一种不道德甚至是犯罪的行为，如在网络上制造并传播计算机病毒、违法经营、贩卖毒品、造谣惑众甚至是盗窃国家机密等。

（5）攻击报复发泄不满。人生之路并不平坦，大学生遇到的问题随着年龄的增长也逐渐暴露。当他们认为自己的目标不能实现时，就在心理上产生挫败感。应对挫折的方式很多，攻击是其中的一种。攻击有两种情况：一种是直接攻击，另一种是间接攻击。网络犯罪是大学生进行间接攻击的一种首选方式。

实际上，现实社会引起人们消极情绪的地方很多，但人们往往缺乏发泄的地方。网络是个巨大的容纳空间，可以承载一切情绪和怨愤。所以，在网络上发泄自己的情感会让一些人感觉很舒服。如学生对食堂、医院、后勤保障的不满，都可以在网上进行发泄，获得心理上的平衡。但是，报复情绪一旦发生变态就会产生强烈的破坏性，大学生在网上制造混乱、删除文件或者散布病毒等，就是一种违法或犯罪行为。

（三）大数据网络环境下高职院校大学生自我教育

内外因共同对事物起作用，但内因起根本性的作用。对大学生的心理健康教育不仅要利用外在因素，更要注重大学生自身积极因素的调动，进行自我教育、管理和服务。

1. 提升自我教育和自我管理水平

（1）加强自我教育的引导。在这一教育过程中，一方面高职院校应转变心理健康教育的理念和模式，多提供"引导与选择"，而不仅仅是单一的"灌输与说服"。通过直接考评和他人评价，引导大学生进行正确的自我认识和评价，正确看待自身的优缺点，激发主体自我教育的积极性、自觉性，对于存在的不足，及时调整心态、想法和行为。网络弱化了大学生的情感体验，因此应通过创设情境或对某种道德形象的想象，引导大学生深化自我情感体验、提高心理的自我保护意识和自我控制意识。另一方面，高职院校应完善和扶持相应的心理健康自助组织，从校、院、班三个层面上以学生为本，贯彻发展性原则，引导与监管并重。利用学生会和学生社团平台，积极引导大学生开展各种形式的自我教育活动，增强自主选择性，扩大现实的社会交往，巩固其社会角色定位，促进其社会化进程。同时，高职院校可根据不同时期不同层次学生的特点引导其设定阶段性的自我管理目标，定期检查目标的实施与实现情况，对大学生的自我管理起到一个督促、巩固和提高的作用，这也有利于大学生克服自身的惰性，激发他们进行自我教育的主动性和创造性。

（2）大学生要努力做到"内省、自讼""慎独"。"内省、自讼"是对内心的审视、灵魂的拷问，是心理自律的表现，是自我反省和批判。古人就有"吾日三省吾身"的自律警句。"慎独"是指在没有他人监督的状态下依然能够按照道德准则和法规要求自己。对网络环境下的大学生"网民"而言，"慎独"已成为一种基本的要求，不再仅仅是对君子高尚的道德修养的要求。而大学生生理和心理发展的阶段性决定了其"三观"与行为习惯的形成和巩固仍需教育者的引导与熏陶。

2. 开启大学生元认知能力

元认知是个人对认知活动的自我意识与调节。元认知能力不是天生就有的，而是通过引导和多次的练习形成的。元认知能力一旦形成，它的主导性和激活力就会发生作用。所以网络环境下，开启、培养、提升大学生的此项能力将会大大提升学生的自学和调控水平，使其能按照社会要求、道德规范和网络法规调整自己的言论与行为。认知心理学认为，自我教育一般包括自我觉醒、监控与发展。自我觉醒是对自我的分析和认识过程，是对自我高度的理性认识。它包含自我认识、自我评价和自我驱动三个方面的内容，自我价值目标的觉醒是关键。因此，教育者应帮助和引导大学生对自己进行客观深入的分析，形成对自我事实判断和价值目标，从而获得自我追求价值活动的内在驱动力，形成网络自觉意识。自我控制是个体按照社会规范的要求，对自己的思想和行为的主动掌握，通过对自己动机和行为的调控实现预期目标，是高级的心理活动，受情绪稳定性影响。作为当代大学生应树立自尊心、责任感，不断增强对网络信息的辨别和筛选能力，提升自我监控水平，认识自我不足，矫正自我言行。自我发展是个体对新目标确立、修正、执行并进行更高层次的自我教育的一个过程，它可完成自我教育目的的递进，是"现实我"向"理想我"的转化。具有元认知能力的人明了自己该做什么、何时做、如何做。当短期目标实现时，个体能自觉地确立新的目标并执行，不断促使自我发展和完善。网络环境增加了选择的自主性、环境复杂性，因此应重视大学生元认知能力的启发和培养。

（四）培养新型心理健康教育工作者

1. 心理健康教育工作者角色的转变

首先，树立现代化的教学理念。教师必须以"教"向"导"转化为主；由知识传播向方法指导与学生创新意识和实践能力的培养转化；由教材的执行者向课程研发者转变；由德育培养者向成长生活的设计者转化；由单向传递向双向交流互动转化。

其次，从制度权威向魅力权威转化。传统观念认为只要是教师就具有教师权威且教师在学生面前具有强烈的自我权威意识。马克斯·韦伯将权威分成三个方面：一是由传统而产生的传统权威；二是因个人魅力而产生的感召权威；三是因专业和法定因素而形成的合理—合法权威。网络教育的模式增强了教育的大众化和个性化，它的出现对教师权威的含义产生了本质上的突破，瓦解了教师因知识拥有量而产生的权威，对传统权威和感召权威带来了严峻挑战。现代具有独立自主、富有创新和想象力的大学生更是以苛刻和挑剔的眼光对教师进行整体的审视与批判，因此教师要将多种权威集于一身，才具备真正的影响力，感染教育大学生。

最后，创建平等的师生关系。传统思想认为教育者是传道、授业、解惑者，教师因博学和独有的信息源而占据"权威地位"。师生关系处于教与学、管理与被管理的状态，网络打破了独有的传道、授业、解惑和信息源的独享模式，改变了受教育的途径和方式，强化了个性化、主体性，也增强了师生对话的平等性。教育者和受教育者可通过网络进行探讨、发表见解，获取所需信息，彼此之间相互创造，相互证实自己的存在，更多地表现为精神层面的交流和对话。因此，要调整传统的师生关系，倡导师生平等，创建一个师生相互理解、相互认可、相互接纳的新的社会关系。

2. 提升心理健康教育工作者信息素质

网络集画面、声音、文字等为一体，把抽象变为具体，把枯燥的内容变得生动形象、充满乐趣，可以激发大学生的兴趣，使其自身的主观能动性得以发挥。且网络能实现的远程教学、链接、在线互动、博客等功能，打破时空限制，便于教育者和受教育者自由对话与交流。因此，新时代教育工作者不仅要有丰富的专业理论和技术，还应不断与时俱进，积极主动地学习，利用计算机和网络技术增强教学效果，提升教学水平。教育者也只有在掌握了网络技术的情况下才能更好、更全面地了解大学生的思想和心理趋向，更好地为大学生服务。

3. 关注心理健康教育工作者的心理健康

心理和思想紧密相连，个体心理的健康发展是形成和接受思想教育的基础，思想的发展变化又对心理产生影响与制约。教育者的一言一行都会对受教育者产生影响，其心理健康状况也不例外。因此，关注教育者的心理健康，才能更好地教育受教育者。教师的心理问题是教师在自我定向过程中造成的对角色规范的偏离、心理失调与障碍的非正常现象，主要有适应性问题、角色冲突问题、人际关系和职业倦怠等心理问题。解决教师心理问题首先要加强对身体机能的锻炼。身体健康是心理健康的基础，研究表明，欠佳的身体状况会使人缺乏信心、抱有负情绪，从而不利于教学工作的顺利进行，教师应加强身体锻炼，塑造强健体魄。此外，通过心理健康教育讲座、专业技术培训、心理座谈、寻求更多社会支持、提高福利待遇等途径分层次、分阶段、分目标、分要求地关注并提高教育者的工作满意度和心理健康水平。

（五）高职院校网络意见领袖

意见领袖最早起源于社会学，后经发展成为传播学的经典概念之一，是拉扎斯菲尔德等人就美国总统选举进行的伊利调查中发现的。它是指在把媒介信息传递给社会成员的这一过程中，那些发挥着某些影响性的中介者。后来研究者卡兹和拉扎斯菲尔德的研究发现意见领袖不仅存在于政治领域，还存在于购物、流行、时事等社会生活领域。根据他们的总结，意见领袖具有如下特性：第一，意见领袖与受众多数情况下是平等的而非上级与下级的关系；第二，在社会群体和各阶层中都有意见领袖的身影；第三，意见领袖有单一型和综合型之分，其影响力也是如此；第四，他们通常是渠道广、生活阅历丰富、社交广泛、社会地位较高；第五，对他人的态度和行为产生影响。

1. 高职院校网络意见领袖的作用

（1）信息传播与加工者。由意见领袖的定义和特点可以看出他们通常是关系良好、知识渊博有见解、信息丰富的某个人或某类人，接触面广泛，接收信息的速度和拥有量也比一般人好。在信息传播过程中，意见领袖一方面传播传统媒体的信息，他们会基于自己的选择性注意、选择性理解和选择性记忆对获得的信息进行判断、分析、筛选、加工，形成新的信息再传播给不知道或者不清楚的受众。另一方面，当受众面对铺天盖地又良莠不齐的网络信息时，会产生相信与怀疑、赞成与反对、逃避与面对等矛盾的心理，此时出于对意见领袖的认可，受众往往会寻求意见领袖的指导。意见领袖则根据自己的人际关系、知识储备、社会经验经历等对受众提供的信息进行分析，最终给予明确而清晰的意见。

（2）内容把关与监督者。网络的特性决定了其成为一个没有地域和国界的全球化媒介，人们可以在一个相对自由的环境中利用多种方式发表言论、发布信息、接收信息。信息参差不齐，有用与无用的、正确与错误的、先进与落后的信息充斥着整个网络，降低了受众对有效信息的选择和使用率。从信息传播角度来看，网络传播实现了点对点的传播模式，省略了中间环节，造成了"把关人"角色的缺失。而存在于网络环境下的高职院校意见领袖作为信息、观点、态度的传播者，在一定程度上充当了"把关人"和监督者的角色，可过滤掉有害、无用信息，保障网络信息的健康性和安全性。且针对当前社会政治、经济、文化、道德等方面的现状，凭借自己的专业性和权威性，用客观、理性、批判的眼光进行审视，并通过校园网络对网络舆论和社会时事起到监督引导和教育的目的。

（3）舆论引导者。网络的多元化、网民的多维化、传播环境的复杂性决定了网络言论的开放性和分散性，众多的观点看法，难以达成一致。因此，意见冲突在网络中更易被激化形成舆论场。虽然网络舆论"无机"的状态难以改变，但是网络意见领袖拥有的魅力权威在观点说服、网络舆论引导等方面具有积极意义。网络意见领袖的魅力权威不是某个人或某个组织赋予的，而是在网络互动过程中通过个人能力、人际关系、人格魅力、思辨能力获得的。其提供的意见虽是众多评论中的一个，但比较之后优劣自知。随着受众对意见自主选择权利的扩大，意见领袖的引导作用更加凸显出来。同时网络意见领袖可通过"设置议题"和"设置议程"引导受众由感性认识发展到尊重事实的理性反思，影响受众对事件的态度和行为。网络中出现偏颇、虚假、迷信、极端等信息时，意见领袖若能及时对信息给予理性判断、综合分析、权威评论，则会对舆论起到正向引导宣传的作用，进而影响社会舆论的形成与走向。

意见领袖具有榜样示范的作用，具有较强的号召力和感染力，是受众崇拜和模仿的对象。如果意见领袖的思想观念和心理发生了变化，传播一些错误或与主流价值观念相悖的意见，基于其个人的影响力和网络传播的力量，其带给受众的影响将是深远而广泛的，将阻碍正面信息的传播，对受众的认知和校园、社会的稳定带来负面影响。因此，高职院校应加强对意见领袖的管理，利用意见领袖积极因素促进大学生健康成长。

2. 高职院校网络意见领袖的管理

（1）发现、起用"意见领袖"。与传统社会一样，意见领袖也存在于网络之中，他们往往是网络舆论的灵魂人物，是议题的发起者、引导者，又可能是共识促成者。因此，高职院校的教育工作者要深入学生群体，积极参与到学生网络社区中，如学生论坛社区、学校贴吧、群组讨论等，高职院校可通过网上和网下的观察法、谈话法、测量法等方法，"发现"网络意见领袖。教育工作者可从以下几个方面辨别"网络意见领袖"：首先，具有广泛影响的人。当大学生受众碰到问题时会向谁请教和咨询。其次，具有特殊影响的人。通过观察、研究大学生受众的态度、行为易受到哪些人的影响而产生改变。最后，具有主动影响的人。本人是否有意愿主动为他人提供建议以影响他人，并考察这些建议和影响对他人的行为是否有效。通过以上几个方面判定隐藏在高职院校网络中的"意见领袖"。同时高职院校还可鼓励知名的专家、学者、政治家、评论家、政府官员、管理工作者等社会精英阶层深入学生网络社区，担起"意见领袖"的责任，成为网络舆论的引导者、大学生健康发展的引路人，承担起传承先进文化与教育年轻人的责任。

（2）教育、引导"意见领袖"。意见领袖在群体中发挥着主导性作用，其思想和个性特征对群体的发展方向起到导向作用，某些特殊时刻其举动可牵一发而动全身。因此，高职院校通过网络平台进行核心价值观教育、心理健康教育和理想信念教育，发起献爱心、扶贫支教等社会实践性活动，提升意见领袖思想素质、身心健康水平、社会责任和个人魅力，搭建起意见领袖和大学生之间信任的桥梁，使其成为社会主流思想的传播者和教育者，成为教育和转变部分消极人群的入口和突破口。作为高职院校的工作者和管理者应从细处着手，重在平时，积极发现和关注他们在网络中的思想动态与行为举动，注重引发"理性声音"的力量，避免偏激观点，如发现极端和片面的言行，应通过恰当的方法给予及时的干预和纠正，让主流、权威、真实的力量抢占大众意见市场。"意见领袖"通常是那些思维敏锐、思想觉悟高、意志坚定、自尊心强、能力超群者，因此应以尊重、关爱之心，以平等性、主动性、艺术性以及预防性原则与之交友、交心，给予良好的指导，使其切实成为促进大学生和谐发展、有所为而有所不为的优秀意见领袖。

（3）鼓励、宣传"意见领袖"。班杜拉提出的模仿论认为，来自直接经验的全部学习活动都是能够通过模仿别人的行为举止而习得的。因此他重视榜样的作用，认为榜样特别是受人们尊敬的榜样，具有替代强化作用，人们可以通过观察、模仿产生自我强化的作用。正如苏霍姆林斯基所说，越是鲜明的形象，越是产生强烈的影响。追随者众多的意见领袖既是群体精神内容的模范，又成为大家效仿的对象。因此，一方面，高职院校应对已发现的思想端正、言行规范的意见领袖给予及时的肯定、表扬、立体宣传，根据性质和影响程度的不同给予精神与物质的奖励；另一方面，应与意见领袖建立长久、动态的联系，以点带面推动其自身完善和领导力、影响力的发挥，成为大学生学习的典范。

（4）搭建"意见领袖"传播平台。为网络意见领袖搭建一个可持续发展的绿色网络平台。在这个平台上意见领袖可表达个人观点、相互交流取长补短、对社会问题发表鞭辟入里的见解，进而影响受众倾向。而这个平台自身主体性的发挥又要通过该平台的把关人、技术人员和网络意见领袖主体性的发挥体现出来。因此，高职院校搭建并利用这个平台让网络意见领袖所富集的资源，如社会地位、经济基础、信息占有、个人魅力等充分地发挥其教育、引导、帮助作用。对于由现实社会自然过渡到网络的意见领袖而言，他们拥有较多的社会资源和广大的受众，网络传播为这些资源的充分利用和良性互动提供了平台，更易调动意见领袖和受众参与的主动性。就在网络中生成的意见领袖而言，他们可能拥有的社会资源有限，但他们依然具有一定的学历、生活经历、信息量和参与性较强等特征，这个开放、自由、可持续的网络传播平台同样也可调动他们参与的热情，结合自己的专业和经历从不同的视角加以引导，教育广大大学生受众。

（六）丰富网络教育内容

1. 网络法律、法规教育

网络所形成的虚拟社会与现实社会一样都是人们生产和生活不可脱离的场所。建立健全网络法规，依法加强网络管理，用制度来规范和引导网络言行，使网络中的各主体明确自己享有的权利和应履行的义务。

因此，各高职院校应加强网络法规教育，让学生首先熟悉网络法规的规定，其次走进学生心理让其知道该为和不该为事项，最后固化为行为自觉遵守。但高职院校在网络法规的宣传、学习力度上存在不足，如次数少、内容浅、关注学生少、影响力度小等问题，这在一定程度上导致大学生不了解网络法规便难以遵从。所以高职院校一方面可利用课堂教学、讲座、主题班会、社会实践活动等形式，普及网络法律法规知识，帮助大学生自觉养成良好的网络行为习惯，由他律转向自律，做到网络"慎独"。另一方面，根据相关法律、法规的规定制定符合本校实际的大学生网络行为规则和规范，如遵守礼仪、言语文明、诚实守信、不登录不良网站、不盗用他人信息资源等，从而使大学生的网络行为有明确而严格的操作标准。同时，将网络法规的要求规范化、具体化，与学校德育量化考评制度相联系，形成良性、持续的激励和约束机制；在各科教学中，根据学科性质、内容和课程设置将网络法规的教育和活动渗透其中，使大学生在实践中体验课堂上获得的理论，正确看待网络，形成健康的网络观念和行为。

2. 优秀传统文化教育

中华优秀传统文化博大精深，它表现在哲学、教育、文科、科学等各个领域，只有将优秀传统文化和心理健康教育相结合，才适合中国大学生的发展现状，才能发挥心理健康教育的民族功效。

（1）道德修养教育。中国传统文化强调个人的道德修养与人格完善，是一个人修身立命之本。认知心理学认为，道德判断的能力取决于一个人的认知水平，它是衡量思想道德修养的重要因素，所以道德认知是道德行为的前提。优秀传统文化中"仁者爱人"的博爱之心、"己所不欲，勿施于人"的尊重之心、"大学之道，在亲民，在止于至善"的友善之心、"孔融让梨"的礼让之心、"大丈夫当容人"的宽容之心、"人而无信，不知其可"的有信之心、"自强不息"刚健有为的进取之心、"见贤思齐"的进取精神、"天将降大任于是人也，必先苦其心志，劳其筋骨，饿其体肤"的耐挫精神、"乐天知命，故不忧"的正视环境与悦纳自我的心态、"天下兴亡，匹夫有责"的爱国情感、"夙夜在公"的集体主义等思想，对大学生形成良好的道德修养具有重要意义。认知心理学认为，道德判断的能力取决于一个人的认知水平，它是衡量思想道德修养的重要因素，所以道德认知是道德行为的前提。

（2）价值观教育。社会生活充满竞争，有竞争就有矛盾，如何使学生在竞争中学会和谐相处，是我们必须思考的问题，优秀传统文化给我们提供了诸多资源。传统文化承认人有道德和物质利益的双重需求，但侧重重义轻利、见利思义，有视不道义的富贵如浮云的道义之辩，有杀身成仁的奉献精神，以先义后礼为荣，这些精神已成为新时代的价值取向。学校要教育和引导大学生正确和健康地使用网络。第一，学校可以开展一些相关的讲座、宣传等活动，教育和引导学生正确、健康地使用网络，让学生明确网络的主要作用是"沟通"，实质和固定电话并没有差别。第二，学校要创造多种条件，充分发挥各类学生社团的工作优势，开展学生参与面广的文化活动，加强教师与学生之间、家长与学生之间、学生彼此之间情感的交流，增强大学生的集体意识与社会认同感，削弱他们对网络的依赖。第三，学校可以通过加强与有关部门对信息的协同管理，开展与学生的短信互动，营造积极、健康的文化环境，达到使大学生净化心灵、增强自律能力的目的，最终使大学生不受网络消极因素的左右，培养其健全的人格。第四，学校可适时组织对学生进行心理健康教育。开设心理咨询，帮助

"网络成瘾者"调整好他们的心态，教他们学会放松，从而逐步摆脱网络成瘾的困难，促使他们沿着正确的人生方向行进，对人和事多一些理解，多一些关心和奉献，少一些怨言，少一些冷漠和功利。

（3）学习观教育。大学生不仅要学习理论知识，更要注重方法的学习；不仅要学做事，更要学做人，在不断的学习中锻炼提升自己的调控能力。古人在学习态度上有每时、每刻、每处学习的学而不止之心，有择善而从不善而改，不耻下问的谦逊好学之心，在学习方法上有学思结合、同伴学习、梯度学习的方法。当代大学生在人生成长的道路上不必悬梁刺股和凿壁借光，但在遇到困难时要有精卫填海、夸父追日般持之以恒、排除万难的精神；遇到压力时要有野火烧不尽，春风吹又生的韧性；失意时要有风雨过后会有彩虹的精神境界，保持平和淡然的心态，使心中始终充满灿烂的阳光。

3. 理想信念教育

思想政治教育和心理健康教育在理论基础、方法和功能上存在一定差异，但它们在研究内容、主体客体和教育目标等方面存在相互交融的关系。思想政治教育注重培养学生的政治素养、思想道德水平和社会责任感，旨在引导学生树立正确的世界观、人生观和价值观。心理健康教育则侧重于培养学生的自我认知、情绪管理、应对压力和建立健康人际关系等心理健康能力。心理健康教育为思想政治教育提供了必要的条件，思想政治教育为心理健康教育提供了基础和依托。

理想信念教育属于思想政治教育和心理健康教育的范畴，是指培养学生正确的理想信念、道德观和社会责任。通过加强理想信念教育，高职院校能够帮助学生树立崇高的人生目标和追求，激发他们的内在动力，并培养他们的创新精神、团队合作能力和社会责任感，从而促进他们的身心全面发展。

从对一些学生的调查状况来看，大部分学生对思想教育的态度以及其作用认识是积极良好的，但仍有一部分学生认识不足。

首先，关注大学生自我发展和实际需要。从某种意义上讲，客观事物对人的价值在于其是否能满足人的需要，满足人的要求的程度越大，对人的价值就更大，想拥有的动机就越强烈。理想信念教育亦是如此，只有与大学生发展和实际需求相联系，才能发挥其价值，才能找到生根发芽的土壤。当前大学生注重个体发展、崇尚成功，理想信念教育要与其成长阶段、需求以及所处的社会环境相联系，才能起到教育的作用。

其次，个人理想和近期目标相结合。每个人的理想都是多样的，不仅要谈远大理想，也要谈近期理想。让远大的理想成为近期目标得以实现的导航器，让近期目标的实现成为向远大目标接近的路基。鼓励他们志存高远，将个人与国家的前途相联系，求真务实，从自身实际出发，从小事做起，认真扎实地在平凡中做出不平凡的事迹。在如何实现大学生远大理想方面，教育者要给予积极的引导和检查。第一，引导大学生明确自己远大理想是什么，是否合理；第二，为了实现崇高的理想，近期要实现的阶段性目标是什么；第三，为了实现各个阶段的目标我们要做什么；第四，如何做才能实现我们各个阶段的目标；第五，对大学生不同阶段的目标任务，教育者要给其必要的引导、检查、帮助和鼓励。

最后，关注大学生的思想困惑。社会价值的多元化为大学生凸显个性、自立自强、培养创新意识、增强竞争意识等提供了帮助，但也带来了思想观念以及行为的多样性和差异性。因此，在教育时不能简单地告诉学生什么是什么、包含什么，这不仅不符合大学生身心发展的特点，也易引起大学生的反感和抵触。高等院校的老师要运用马克思主义观点和多种教学方法全面而深刻地诠释是什么和为什么，起到答疑解惑的作用，才能展现理想信念教育的魅力，才能达到理念的认同从而吸引大学生努力地践行。

（七）开展网络心理咨询

心理咨询指的是通过专业培训的咨询人员用心理学的方法，帮助来访的人自强自立的过程。网络心理咨询指的是心理咨询人员利用网络的虚拟空间，利用心理咨询的相关技术和策略，以书面语言的形式给来访者提供心理帮助的过程。

（1）网络拓展了心理咨询的空间并延长了其咨询的时间。非网络化的心理咨询无论是面对面还是电话等方式，都受专业咨询人员数量和时间的限制，使得可获得咨询的人员数量也受到限制。且传统的咨询受到空间的限制也较大，如距离远近、交通便利性等因素的制约。而网络心理咨询打破了时空的束缚，使咨询更为便捷。

（2）氛围平等，抵触情绪小。在以往的心理咨询的过程中，来访者被认为是弱者和求助者角色，而咨询者扮演的是施助者角色。在这一过程中，咨询者的言谈举止、语气语调都会对来访者产生影响，尤其是咨询者不良的表现将会引发来访者的消极情绪，产生阻抗。而通过网络，来访者既能尊重咨询者的权威，又因空间距离的拉大和人机对话的模式，使来访者能更好地平衡心理，双方在平等的氛围中进行交谈、讨论，探讨解决方案，不易产生抵触情绪。

（3）减轻来访者的心理负担。以往的心理咨询多以面对面的方式进行，双方关系和地位上的不平等易使来访者产生紧张情绪。来访者为了解决问题有时不得不说出自己心里的秘密，这对来访者造成一定的心理压力。而网络的虚拟性规避了咨询关系中的不对等性，缓和了来访者的心理顾虑、紧张情绪和心理压力。

二、网络对高职院校大学生思想的影响

网络对人们生活的改变和社会的变革都起到了关键性的作用，同时也给人们提供了一种新的信息交换的途径。但是，随着社会的发展，人们对网络的使用也出现了一些问题。毋庸置疑，网络是很开放的，信息交换及时，人人都可以参加并且不需要署名，但很多消极的或与人类社会本质相背离的内容也会在网上传播，腐蚀人们的思想和影响人们的生活。

加上国外网络文化恃其强势而加紧文化渗透，导致国外社会的一些价值观念对我国公民，特别是大学生的世界观、人生观、价值观都带来了巨大的冲击，思想工作的成果被侵蚀和动摇。

（一）多元化的网络信息导致大学生思想混乱

网络信息是一种超越民族和国家的公开的公共信息。每一个问题都是

多角度的、多变的，如果要就一个问题给出一个具体的答案，或者用一个单一的值来判断对错，是完全不可能的。世界价值观的碰撞和冲突，尤其是东西方价值观的碰撞和冲突较为直接和激烈，当代大学生的价值取向非常多样，价值选择迷茫，正确的世界观、人生观和价值观的确立存在一定的困难。①

（二）网上信息交流容易诱发大学生的破坏欲望

每个人都生活在一个不完美的现实中，也就是生活在有限与自身需求的无限冲突中，尤其是大学生。一旦这种冲突失去平衡，它就会变成一种毁灭的欲望。在现实生活中，这种欲望会受到道德、法律、舆论等社会规范的束缚，但在互联网这样的虚拟世界中，大学生的所言所行可以不留下任何痕迹，加之他们的自控力和责任感比较弱，容易在网上充分暴露压抑在心理深层的需要和欲望，从而完全按照自己的意愿做事情。当然，大多数学生上网是为了获取他们需要的有益的内容。但是随着网络生活时间的延长，他们中的一些人逐渐被网络生活"疏远"。他们在网上闲逛，也许好奇，也许无聊，也许想证明自己，也许想发泄不满，也许会冲动地进入破坏性的心理误解。

（三）各类信息垃圾及"染毒"信息对学生思想和行为产生误导作用

网络信息并非都是先进的，未经过滤地选择思想、观点，难免好坏参半，各种社会思潮，不同国家、民族、政党经常在互联网上激烈交换意见，甚至一些淫秽低俗的信息和反动言论也会在互联网上盛行，造成严重的信息污染。② 这对那些受歧视程度不高、人生观和价值观正在形成的学生非常有害。

（四）网络的虚拟化特征导致大学生生活方式和心理健康产生问题

在网络中，行为主体的人际关系基本是在"虚拟现实"的情况下展开

---

① 张晓宁. 媒体融合背景下高校大学生心理教育研究 [J]. 大学，2021 (37)：128－130.
② 李敏. 网络媒体语境下高校大学生心理教育的创新研究 [J]. 散文百家 (新语文活页)，2019 (01)：200.

的，消除了现实世界中人际交往的一些障碍，人们很容易获得成就感和满足感，甚至感到自己价值的最大化和他人对自己关怀的热情。但是，如果这种情况长期持续下去，必然会影响和改变人们的生活方式，制造新的人际障碍，使主体行为淡漠、人际关系淡漠，使人感到孤独、抑郁、焦虑。

（五）网络对大学生的三观的形成构成潜在威胁

互联网是一张无边无际的"网"，内容虽丰富却庞杂。大学生可以在互联网上频繁接触西方国家的宣传论调、文化思想等，但是有些大学生思想空虚，没有起码的辨别能力，很容易被负面和消极的内容所引诱，从而价值观产生倾斜，滋生全盘西化、享乐主义、拜金主义等不良思想。长此以往，大学生的人生观和意识形态必将受到影响，这对于国家的政治安定显然是一种潜在的巨大威胁。

（六）网络文化的异质性会使大学生价值观念产生倾斜

支配着物质生产资料的阶级，同时也支配着精神生产的资料，因此，那些没有精神生产资料的人的思想，一般也是受统治阶级支配的。网络是首先在美国产生和发展的，在当前，互联网信息中的85%、服务信息中的95%是美国提供的，使用的语言都来自美国。美国使用他们掌握的这种网络控制权、信息发播权，利用世界通用英语这种强大的文化语言优势，全方位、全时空推销他们的文化理念和价值观念，大学生成为被迫接受西方信息的群体。

（七）网络造成大学生价值取向紊乱

在网络冲击下，大学生价值观趋于个性化、多元化，社会价值观难以保持一致，双重或多重价值标准在社会道德生活中同时存在。社会中多种价值标准的同时存在，使得政府、学校乃至社会传统灌输的道德观念仅为人们众多道德选择中的一种，过去占主导地位的社会道德规范产生动摇，甚至消失，从而导致道德评价的缺失。① 道德相对主义必然导致大学生道德

---

① 贾绪云. 网络环境下的高校心理健康教育模式探析［J］. 作家天地，2020（16）：130 – 132.

选择混乱、价值取向混乱。网上信息源数量庞杂,信息的产生已无法由法律加以有效控制。

(八) 网络易造成大学生道德人格的缺失

现实社会从某种意义上说是一个"熟人社会",依靠熟人相互监督,人们道德意识较为强烈,道德行为也相对规范。一旦进入网络这个虚拟世界,就不再有熟人的眼光、舆论和感情,依靠社会监督筑成的道德防线在此极易崩溃,造成道德人格的缺失。

(九) 网络导致大学生人际关系的冷漠

现在的大学生大多数是独生子女,在成长过程中本来就缺少完整的沟通方式,养成了只关注自我和崇尚独立的个性。他们中有不少人又绝对迷恋网络,长时间只使用互联网和电子邮件,接受网络创造的虚拟情感、相互关系和沟通方式,满足于以屏幕为界面的虚拟的"人际交往"而回避直接面对矛盾,久而久之便疏于近距离沟通,忽视眼前的亲情和友情,导致人际关系的冷漠。

(十) 网上信息交流引发大学生的人格障碍

网络是一个平台,为人们的交往提供了开放、自由的空间。但网络也是一个屏障,掩盖了人们的真实面目。网络社区的人际交往是人们在虚拟的世界里各自戴着假面具进行交流活动,它缺乏真实生活中人际交往的真实感和取向性,人与人之间的关系建立在一种极其脆弱的基础上。由于网络人际交往具有匿名特点,一些大学生在网上对自己的言行不负责任,言论非常随意,容易形成攻击性人格。还有一些大学生在网上交际经常扮演与自己身份和性格极不相称的角色。他们在网络和现实生活中判若两人,容易产生角色冲突。当多重角色冲突达到一定程度或角色转换过频时,就会出现心理危机,导致双重或多重人格障碍。

第三节　心理与教育科学研究概述

心理、教育科学研究与其他科学研究相比既有相同点，又有自身的独特之处。了解这些异同，对掌握心理与教育科学研究方法具有重要意义。①

一、心理、教育科学与科学研究

（一）科学与科学研究

1. 科学的含义

科学是对客观事物及其运动变化规律的真理性认识，表现为系统化的知识体系。零碎的、无组织的知识不是科学；宗教尽管是系统化的知识，但它不是对客观事物的真理性认识，因而也不能称为科学。

科学有其特定的研究方法，即科学方法。人类探索世界、追求真理的方法有很多，但并非所有的方法都是科学的。在科学诞生之前，人类主要依靠直觉、权威和习惯等方法来获得知识。即使在科技发达的今天，这些方法仍然经常被人们无意识地加以应用。在科学方法发展过程中，英国的培根和法国的笛卡儿分别倡导和完善了归纳法与演绎法，对科学方法的发展做出了重大贡献。随着科学的发展，科学方法也在不断更新与改进。

科学还有特定的研究过程。一般来说，科学研究的过程就是运用科学方法进行"假设检验"的过程。研究者依据一定的理论或观察事实，提出研究假设，设计研究方案，然后收集和分析资料以验证或推翻假设，这个过程就是科学研究过程。科学研究过程要遵循一定的逻辑思路，采用科学的研究方法。

从科学与人类的其他活动的关系来看，科学既是一种社会意识形态，

---

① 倪浩然. 关于网络环境下的高校大学生心理教育研究［J］. 山西青年，2017（08）：148.

又是一种有组织、有计划、有目的的社会活动。此外，科学可以促进社会发展，因此，科学还是一种社会实践力量。

2. 科学研究的特征

科学研究，就是通过运用各种科学方法，遵循科学的认识过程，根据对收集到的事实材料的分析，对假设或理论进行检验，以寻求客观事物的本质及其运动变化规律的一种思维活动或过程。

科学研究是人类探索真理的一种活动，它与其他活动的区别主要表现在以下四个方面。

（1）继承性。任何科学研究都不是凭空产生、由零开始的，它总是在前人或他人研究的基础上进行的，因而离开了前人或他人的研究，新的科学研究就不可能产生，科学也不可能发展。前人或他人有关科学研究的思想、理论、方法或收集的事实材料等，都是可以继承的内容。

（2）创新性。科学研究具有继承性，并不是说科学研究总是重复以前的研究，更重要的是创新。如果没有创新，科学就不可能进步。所谓创新，就是在前人与他人的科学研究的基础上进一步揭示事物发展的本质和规律。创新的内容涵盖科学的各个方面，既可以是理论方面的，又可以是方法方面的；既可以是发现新问题，又可以是发现新规律；既可以是提出新见解，又可以是发明新产品。创新是在继承的基础上进行的，继承的目的是创新。创新是科学研究的本质特征。

（3）系统性。科学研究的系统性包括三方面的内容：其一，科学研究的对象是一个有组织的系统，如心理学的研究对象是人的心理现象，人的心理现象是由层次不一的许多子系统、亚系统共同构成的自成体系的系统；其二，科学研究的方法也是一个由哲学方法论、一般方法论（原则）和具体研究方法组成的系统；其三，科学研究的组织管理也是一个系统。总之，科学研究是一个复杂的系统。

（4）控制性。任何科学研究都具有一定的控制性。无论是在物理学、数学、化学领域还是在心理学、教育科学领域，无论采用的方法是自然科学方法还是社会科学方法，科学家在进行研究时，总要将其研究的对象从其背景中抽取出来，排除无关因素的影响，抓住事物的主要矛盾进行观察和分析，揭示事物的本质和规律。某些科学研究要求的"操作定义"正是这种控制性的体现。在操作定义中，研究者要说明观察或测量研究对象时进行的操作活动，而不仅仅是对研究对象特征或性质进行直接描述。例如，在心理与教育科学研究中，智力被定义为"普通能力"或"适应能力"等，但这种定义却无法在研究中直接操作。因此，智力的操作定义经常用"智力测验分数"或"智力测验所测量的东西"表示。如果缺乏控制，科学家就难以辨别研究的对象，就不能确认事物或现象之间的相互关系，尤其是因果关系。

上述四个特点表明，科学研究不同于人类其他活动（如日常生活等），它是人类文明的推动力。了解科学研究的特征，是进行心理与教育科学研究的前提。

（二）心理与教育科学研究的目的和功能

1. 心理与教育科学研究的目的

人们进行科学研究，必定有其目的。不同的科学研究的目的是不同的，但其中最主要的目的有四个，即描述、解释、预测和控制。① 心理与教育科学研究的目的也莫过于此。

（1）描述。描述研究对象的特点和状况是心理与教育科学研究最基本的目的。研究者在进行深入研究之前，正确地描述研究对象的现状是必要的。例如，心理与教育研究经常需要描述被试的思维发展水平、学生的能力状况和学习成绩、学生在团体中的社交地位、被试的性格特征等情况，只有在正确描述了这些状况的基础上，才能揭示现象或事物的成因，以及现象或事物之间的相互关系。

（2）解释。心理与教育科学研究的目的之一是解释，即对心理现象或教育现象的活动过程与特点的形成原因、发展变化以及相互关系等做出说

① 钟晓虹. 基于心理健康的高校大学生心理教育与训练研究——评《高职院校大学生心理健康教育与训练》[J]. 中国学校卫生，2022，43（3）：481.

明。如果说描述是解决"是什么"的问题的话，那么解释就是说明"为什么"。例如，为什么随着年龄的增长，个体记忆能力会发生规律性变化？为什么会发生"皮格马利翁效应"（即罗森塔尔效应）？为什么个体人格特征会影响其能力发展？等等。解释这些问题，就需要借助科学理论。

（3）预测。预测是根据研究建立的某一科学理论，通过一系列的逻辑推理，对研究对象以后的发展变化和在特定情境中的反应做出推断的过程。科学理论是正确预测的重要工具。例如，根据"强化理论"，研究者可以预测，如果某一行为在发生之后受到奖励，这一行为就会重复发生。

（4）控制。控制是心理与教育科学研究的最高目标，也是最难达到的目的。所谓控制是指根据科学理论操纵研究对象某一变量的决定条件或创设一定的情境，使研究对象产生理论预期的改变或发展。例如，欲增加人的助人行为，可依据"强化理论"，通过对偶然出现的助人行为的奖励，达到助人行为频率增加的目的。控制也是在科学理论指导下进行的。

总之，解释、预测和控制的正确性与科学理论密切相关。解释、预测和控制所涉及的往往是科学理论中关于变量之间的关系（尤其是因果关系）的内容。而变量之间关系的建立或确认通常有其特定的范围和基础，因此，在解释、预测和控制时需要了解变量关系的适用范围，以免误用。

正确的描述是合理地解释变量间关系的基础，只有合理的解释才能产生正确的预测；根据正确的解释和预测才能进行有效而合乎预期目的的控制。所以，描述、解释、预测和控制，是层次递进的关系，前一项是后一项的基础。实施心理与教育科学研究，必须根据实际情况选择合理可行的研究目的。

2. 心理与教育科学研究的功能

心理与教育科学研究根据其研究目的、研究范围的不同，其功能和作用也有所区别。具体来讲，心理与教育科学研究主要有以下三种功能。

（1）满足人类探索未知、追求真理的需要。通过心理与教育科学研究，人们可以获得关于心理现象和教育现象的本质及其运动变化规律的科学知识，扩展或加深人类的认识。

（2）将有关科学知识应用于社会实践，促进社会进步和人类发展。心理与教育科学研究揭示人的心理现象和教育现象的本质，这些科学知识应用于社会实践的各个方面，可能对人类生活的各个方面和领域产生重大影响。尤其是心理与教育科学研究对人类知识和文化的传递与接受的过程中心理实质的变化的探讨，可使人获得并掌握教育的有效途径和手段，从而推动科学和社会进步，促进人类发展。

（3）解决个体发展中的问题和矛盾，以利于个体的健康发展。通过心理与教育科学研究获得的人的心理发展变化规律，可以帮助个体解决成长中出现的各种心理或教育问题，帮助个体最大限度地发挥其潜能，使其健康地发展，成为社会的合格成员。

总之，心理与教育科学研究对于个体的健康成长，乃至于社会进步、人类发展，都具有重要作用。

二、心理与教育科学研究的特殊性

心理与教育科学研究有自然科学与社会科学的双重性质，与纯自然科学研究相比，它有以下三方面的特殊性。

（一）研究对象与研究者的特殊性

心理与教育科学研究的对象是人，其特殊性表现在七个方面。

（1）作为心理与教育科学的研究对象，人是有意识、有心理的有机体，这就决定了心理与教育研究不能像物理、化学等自然科学那样，只要具备研究对象就可进行。心理与教育研究往往需要研究对象积极参与、配合研究活动，尤其是某些心理学研究需要征召研究对象（被试），被试只能出于自愿参加研究。如果没有被试的积极配合，研究就无法进行，也难以取得预期的效果。

研究对象具有思想、情感、意志、殊异的气质与性格以及学习能力，这种意识性可能使研究对象在心理与教育研究中并不是按照自己的真实情况做出反应的，而是在反应中做出许多掩饰甚至带上虚假的东西。如果研究者不了解这种情况，对被试的反应不做鉴别区分就处理和分析研究结果，就可能使研究的科学性、客观性受到破坏。此外，研究对象的心理的许多方面是不稳定的，这种特性也有可能影响结果的准确性。

（2）心理与教育研究的对象既是生物实体，又是社会实体，社会性是其显著的特征。在涉及研究对象社会性方面的心理与教育研究（如班级内的社会测量、学生道德认知研究、个性测量等）中，被试往往出于社会比较的考虑，按照社会所称许的"好"的行为标准进行反应，而不是按照自己的真实行为进行表现。这种社会称许性反应往往影响研究结果，造成研究的误差。

（3）心理与教育研究涉及的各种变量很多而且复杂，这就决定了心理与教育研究难以精确地解释和预测。心理与教育研究的多变量特点使研究对象可能受许多变量或因素的影响，这种可能发生的多层次、多水平的相互作用，使研究对象变得复杂混乱，从而增加了研究工作的难度，因而影响结果的准确性。尽管心理与教育研究设计有许多控制无关变量的方法，但无关变量仍然难以完全控制。

（4）心理与教育研究通常不能对研究对象做出精确控制与操纵。这与自然科学研究不同，自然科学研究者可以将研究对象分解开来，按照需要加以组合或控制，如化学研究者可以对物质进行分解或化合的研究，生物学家可以切除猴子、老鼠等实验动物的肢体或脑加以研究或进行实验。但是，心理与教育科学研究者则不能随意控制或操纵研究对象：既不能把人当成老鼠关在笼子里观察其行为变化，也不能切除大脑的一部分观察其行为变化；既不能为了研究离婚对儿童心理发展的影响而迫使社会中实际存在的家庭离异，也不能为了研究不同教育方式的效果而对某些被试实施有损身心健康的实验处理。心理与教育科学研究者不仅要从科学的角度考虑，而且还要从道德、习俗、伦理以及人道的角度考虑，由此造成的对研究对象不能严密控制或操纵的特性，也给心理与教育研究造成一定困难。

（5）人的心理具有发展性，因此心理与教育的纵向研究，应该尤其重视心理成熟因素的作用。例如，某些心理或教育研究中学生成绩或认知发展得分前后测的结果出现了差异，这就需要研究者分析这种差异是偶然的还是实验处理造成的，是教育方式的效果还是心理成熟的作用。人的心理的发展性使其表现出不稳定、难以定量化的特点，可能会造成结果的解释和预测的误差。

（6）人的心理还具有个体差异性。这种差异性表现在两个方面：一是没有任何两个人的心理是完全相同的，从某一个人身上获得的结论可能完全不适用于表面情况相似的另一个人；二是没有任何人的心理可以在任意两个时刻保持不变。人的心理和行为总是受所处环境中难以预料的变化或个体间的相互作用影响而随时发生变化。这种差异性决定了心理、教育科学的理论或规律大多是针对大量的被试建立起来的，具有统计规律性，有时可能并不适用于个体。

（7）从心理与教育科学研究的研究者与研究对象（主体与客体）的关系来看，二者同属一类，即研究者是人，被研究者也是人；研究的主体与客体都可进行有意识、有目的的人类活动。在此，我们不从哲学意义上探讨"人脑研究人脑"的可能性，单从研究方面来分析。研究者同研究对象一样，都具有上述几个特点。研究者同样具有意识，同样有思想感情和性格。这样研究者对于研究对象的态度、对研究所涉及的变量的观察与分析的准确性，都将受到研究者的价值观念、社会背景、宗教信仰等因素的影响，使研究者难以完全摒弃价值判断的作用而保持冷静、客观地观察、分析问题的态度。

（二）研究过程的特殊性

心理与教育科学研究是主客体相互作用的过程。一方面，研究对象要根据研究者的要求或实验控制做出反应；另一方面，研究对象的反应又会反过来影响研究者的行为。这一情况在心理学研究，尤其在访谈法、心理咨询中表现突出。这种主客体相互影响、相互作用的关系，可能造成事先不能预料的无关变量的产生，使研究的问题或性质发生改变，从而影响研究的科学性。例如，心理与教育科学研究中出现的"实验者效应""霍桑效应"和"皮格马利翁效应"等就体现了这种主客体之间相互影响、相互作用的关系，这种关系的存在也给解释和预测带来了困难。

（三）研究方法的特殊性

心理与教育科学研究对象和研究过程的特殊性，导致了其研究方法的特殊性。

首先，研究对象是人，这就要求心理与教育研究要符合伦理性原则。任何实验处理、控制或操纵，都不能妨碍研究对象的身心健康发展。即使是出于科学研究的需要，也要遵循人道主义精神，不可违背伦理性原则。这样一来，就使某些心理与教育研究的客观性受到影响。要解决科学性与伦理性的矛盾，只能采取相应的补救措施和精心的实验设计方法。

其次，从现代科学的角度来看，目前心理与教育科学研究中的研究方法多属于"黑箱方法"，只能通过输入输出的信息的比较推测心理活动、加工过程，较难准确地描述出心理活动的具体过程与变化。

最后，某些方面的心理与教育研究由于难以进行严格的控制实验，因而较难确认变量之间的因果关系。尽管数理统计的理论和统计方法已经引入心理与教育研究，但要从在自然、实际的社会背景条件下进行的研究中获得可检验、可证伪的精密理论仍然是困难的。

为了解决上述问题，心理与教育研究工作者在研究方法上进行了一系列的改进和完善，取得了一定的成效。例如，通过多种实验或准实验设计、统计控制法等，已经能够对研究对象进行不同程度的控制，使研究分析的精确性有所提高。此外，由于引入了数学方法、计算机方法和系统方法等，心理与教育科学研究的科学性得到很大增强。

通过上述分析，我们可以了解到，研究对象的特殊性造成了心理与教育科学研究的某些侧面不同于自然科学的研究，也使心理与教育研究的科学性、客观性低于自然科学研究。但是，并不能因此说心理与教育研究不科学或没有科学化的可能。心理与教育科学研究的各方面的特殊性表明，评价心理与教育研究的科学性的标准同评价自然科学研究的科学性的标准应当是不同的。生硬地将二者进行比较，要求心理与教育研究者将心理与教育现象及规律归纳为一系列的方程式或定律，这种机械化的观点是不科学的。尽管心理学与教育科学还处于不断发展和完善中，但这两门学科走向成熟和规范已成必然之势。

三、心理与教育科学研究的原则

作为一种科学的研究工作，心理与教育科学研究必须遵循科学研究的基本原则，采取科学的方法和态度，并且以科学的方法论为指导，才能保证研究的科学性，揭示心理现象、教育现象的本质和规律。心理与教育科学研究的基本原则，归纳起来，主要有以下五个方面。

（一）客观性原则

客观性是任何科学及其研究都必须遵循的原则。客观是相对主观而言的，所谓客观性原则是指研究者对待客观事实要采取实事求是的态度，既不能歪曲事实，也不能凭空臆测。客观性原则应贯穿于从选择课题开始直至做出结论的整个研究过程。

在心理与教育科学研究中，研究者总是带着一定的假设或在某一理论指导下观察研究对象的行为表现并分析事实材料和数据的，而且研究往往受研究者本身的价值判断和个人好恶的影响，因而研究者在心理与教育科学研究中要尽量避免这些主观因素的影响，尊重客观事实，从客观事实中去寻找和发现规律。此外，从客观事实到研究结论的推理要建立在逻辑规则上，不能胡乱联系和牵强附会。但是，由于心理与教育研究没有统一的或标准化的观察和测量尺度，而且研究者之间也存在个别差异，因而观测数据可能会出现不尽相同的情况，这就要求研究者既要认真负责，具有高度的责任心，又要熟练掌握研究方法。

（二）系统性原则

科学研究的基本假定之一是任何事物之间都是相互联系的，任何事物都不是孤立的，而是处在一个有组织的系统之中的。事物之间的内在联系可能表现为一定的因果关系。心理现象和教育现象同样也处在一个有机的系统中，其产生和变化都有一定的原因。心理与教育研究的目的就是通过对研究对象的描述，寻找并解释心理现象和教育现象的成因及发展规律，并用以预测和控制研究对象的发展。在进行心理与教育科学研究过程中，如果只是孤立地考察研究对象，就不能揭示心理与教育现象的本质和发展规律。

系统性原则是心理与教育研究应遵循的重要原则之一。系统性原则要求研究者不仅要将研究对象放在有组织的系统中进行考察，而且要运用系统方法，从系统的不同层次、不同侧面来分析研究对象与各系统、各要素的关系。系统方法是心理与教育科学研究的一般科学方法。

（三）理论与实践相结合原则

在心理与教育科学研究中，理论与实践是辩证的统一。实践是理论的源泉，也是检验理论正确与否的唯一标准；而理论能够指导实践、为实践服务，并在实践中不断地得到发展。只有在正确的心理与教育理论指导下的实践，才能取得成效。

前文已经介绍，心理学是一门基础科学，心理学理论如果不与现实生活紧密联系，就是"空中楼阁"，既不能为发展心理科学做出贡献，也经受不起实践的检验。心理学在我国曾被打成"伪科学"，与此不无关系。对于总体上属于应用科学的教育科学来说，理论与实践相结合原则更为重要。一种教育理论如果不能应用于教育实践，不能指导教育实践，就不能算是科学的教育理论。理论对实践的指导作用不是将理论作为筛选事实材料的标准和一成不变的教条，而是以理论作为参照系，用实践来检验理论。心理与教育科学的理论只有在实践中应用才能得到检验，得到修正和发展。

（四）教育性原则

心理与教育研究可能对研究对象，尤其是儿童的身心发展产生影响，因此在研究时应注意贯彻教育性原则。教育性原则要求研究者在进行研究时要符合被试的身心发展规律，具有教育意义，有利于被试的健康发展。研究者在进行教育研究时应特别重视这一原则，切忌进行违背这一原则的研究。

（五）伦理性原则

在进行心理与教育研究，特别是社会心理学和教育实验研究时，研究者经常要采用一些控制情境或被试的研究手段或方法，这时就应特别注意，在创设情境时切忌采取违背伦理性原则的方法，如欺骗被试、隐瞒研究目的、威胁恫吓以及可能造成研究对象身心受到伤害的方法。社会心理学中著名的"模拟监狱实验"就因对伦理性原则重视不足，造成被试心理紧张、情绪抑郁及野蛮粗暴等而遭到社会各界的批评。教育科学研究也不能用创造情境诱使学生产生不良行为的方法来获取研究资料。在科学性与伦理性相矛盾时，应首先保证伦理性，放弃研究或采用其他不违伦理的方法。国外的心理与教育科学研究者也非常重视研究中的伦理问题，制定了一系列研究人员必须遵循的伦理规则，有关内容可以参见相关书籍。

除上述原则外，心理与教育科学研究还应遵循发展性原则、科学性原则和有效性原则等一般原则。

第四节　心理与教育研究方法发展的新特点

近年来，随着心理与教育科学研究的不断深入，随着现代科学技术和社会的迅速发展，心理与教育研究出现了一些新的趋势，研究方法表现出许多新的特点。①

目前，心理与教育研究方法发展的总特点是：研究思路的生态化、研究背景的现场化、研究方式的跨学科与跨文化特点、研究方法的综合化、研究手段的现代化、研究结果的数学化和研究过程各方面的计算机化。本节主要阐述其中部分特点，即研究背景的现场化、研究方式的多学科化、研究方法的综合化、研究手段的现代化和研究结果的数学化。

---

① 叶欢．关于高校大学生心理教育方面的几点问题思考［J］．知识文库，2018（07）：143．

一、研究背景的现场化

随着心理与教育科学研究的不断深入和社会生产、教育实际需求的日益迫切，自 20 世纪 70 年代末以来，心理与教育科学研究者越来越重视提高研究结果的可应用性和普遍适用性，强调心理与教育研究不但应有较高的内部效度，而且还应具有较高的外部效度、生态效度。因此，他们开始将研究背景从传统的实验室转向各种形式的生活、工作、学习现场，充分发挥现场研究中研究对象、研究背景真实、自然的优势，并综合运用观察、实验、访谈等方法收集数据，以得出更为客观、更接近自然、更接近真实的心理、教育活动规律的结论。

为了保证现场研究的结果同时具有较高的内部效度和外部效度，在现场研究的众多方式中，研究者们越来越重视和普遍采用现场实验研究。虽然有的现场实验研究运用了真实验设计的方式，但对于大多数现场实验研究来说，一般都采用准实验设计的方式，即不运用随机化程序而直接以原来的学习或工作单位为研究对象的实验设计。准实验设计有助于在现实情景与条件下控制和观察对象的心理活动，测定和记录对象的整个心理过程。因此，研究的结果既能在一定程度上揭示因果关系，又比较适合于现实生活，可应用性较高。目前，在心理和教育科学各领域（如教育心理、儿童心理、社会心理、工程心理、教育管理、教育经济、教学论、教学法等），现场研究已成为主要的研究方式之一。

研究背景现场化特点的出现，实质上是当前心理与教育研究课题应用性日益增强的表现。解决社会生产、教育实践提出的大量问题和满足现实的迫切需要，是心理、教育科学理论发展和学科发展的关键。近年来，心理与教育科学的大量研究课题从传统的纯理论性研究向综合的应用项目发展。例如，认知心理学的许多研究更多地与人工智能的设计与应用、学生的识字与阅读等联系在一起；有关人类感觉、知觉等基础心理过程的研究，与交通信号设计、飞机操作系统设计、计算机显示屏设计等方面的研究密切结合；发展心理学对心理过程与基本规律的研究，日益与青少年犯罪、吸烟、自杀，儿童心理疾病与治疗，儿童的能力培养，特殊儿童心理与教育，老年心理健康等问题的研究结合起来；生理心理学的研究从原来侧重心理过程生理机制的基础研究课题转向新药效应的测定与检验、对新药反应的心理病理分析等应用项目；教育心理学的研究重点正转移到教学实际中的各种问题上，特别是为教学方案设计和计算机辅助教学的程序设计提供心理学原则和依据。此外，有关认知策略、元认知和知识最优化等的基础研究课题，也与学生阅读理解、学科心理、技能培养、教学设计、教育评价等应用性研究课题紧密结合起来。研究课题应用性的增强，必然导致研究背景的现场化。进行现场研究，不但可以进一步验证从实验室条件下获得的某些结果，而且还有助于解决实际生活中大量的问题。

二、研究方式的多学科化

心理与教育研究的对象是人、人的活动及其与环境的关系，它们所涉及的问题是纷繁复杂的，常常不是一门学科所能承担和解决的。因此，从多学科的角度研究各种心理与教育现象及其活动规律，解决心理与教育方面的各种问题，已成为一种新的趋势，引起越来越多的研究者的重视。目前，多学科的研究方式有如下两种不同水平。

一种是心理学或教育科学内部各有关分支学科之间的协作。随着心理学研究的深入，心理学研究者们越来越清楚地认识到心理活动的维度是多方面的，影响因素是各种各样的，所以只从某一分支学科角度是不可能完全准确地解释和预测个体心理活动的规律的，必须同时运用心理学各分支的理论、知识和方法开展研究。例如，目前国内外关于儿童阅读的研究，许多儿童阅读研究中心或有关研究课题，都邀请了发展心理学、认知心理学、生理心理学、社会心理学、教育心理学、计算机心理学等分支领域的有关专家组成研究团队，对儿童阅读水平、能力发展与培养等各个方面进行分析和研究。这种心理学多分支协同的研究方式，使心理学各分支之间形成相互联系、相互补充和相互促进的动态过程，大大推动了心理学的发展。

另一种是心理学或者教育科学研究与其他有关学科的协作。以第二语言学习为例，当前对第二语言学习规律的研究不仅需要心理学和教育学内部各个分支学科加强协作，还需要和心理学以外的很多学科相结合，包括认知科学、认知神经科学、计算机科学、信息科学等。比如，我们目前进行的"攀登英语"学习实验就是一个涉及脑与认知科学层面、心理行为层面、教育实践和教育政策层面等多个层面的综合课题。它首先需要我们从脑与认知层面揭示人脑学习和加工第二语言的规律，包括两种语言在头脑中是如何表征的，两种语言是如何相互切换、翻译并避免相互干扰的，人脑是如何学习第二语言的，学习年龄和熟练程度对大脑语言加工方式有何影响，母语是如何干扰第二语言的学习的，充分大量的语言输入对第二语言加工的神经机制有何影响，等等。在此基础上，我们还需要结合心理学和现代教育技术的成果，开发、选择和改编出符合儿童大脑语言学习规律的学习材料；同时，还需要结合我国目前英语环境匮乏、高素质师资缺乏等实际困难，开发出既适合大脑语言学习规律，又与我国目前的国情相适应的教学方式，从而保证教学实验的生态化和可推广性，并能够对我国制定相关的教育政策有所启示。只有这样，我们才能对儿童英语学习的问题有一个比较系统、全面的认识，才能保证实验的结果能够为解决我国儿童英语学习的困难提供有益的指导，而这是任何一个学科单枪匹马所难以完成的。

三、研究方法的综合化

目前，心理与教育科学研究在方法上出现的综合化的趋势，主要表现在以下四个方面。

（1）强调采用多种方法去研究和探讨心理与教育现象及其规律。心理与教育研究可采用的方法是多种多样的，但每一种方法都有其优点与不足。过去，人们在研究心理与教育问题时，常采用并满足于单一方法，因而就只能获取部分信息，而忽视、遗漏了许多其他有用的信息，这样就难以做出全面、准确的结论，弄清心理与教育活动的规律。综合采用谈话、观察、实验等多种方法，可以对不同方法所得的结果进行相互比较和验证，提高研究结果的可靠性。比如，在研究早期爬行经验对婴儿认知、情绪和社会性发展的影响时，研究者们就综合运用了自然观察、父母访谈、问卷调查、实验室实验等方法。又如，在探讨数字加工的脑机制的研究中，我们也综合采用了 ERPs 和 fMRI 技术，分别利用它们在时间分辨率和空间分辨率上的优势，对大脑数字加工过程中活动的时间—空间模式进行了全面的描述。

（2）强调和大量采用多变量设计。在过去的心理与教育研究中，研究者较多地采用单变量设计，只注重分析单个变量与单个变量之间的关系，因而难以揭示心理与教育活动中各因素、各维度之间及其与多种复杂影响因素之间的关系。随着统计方法和手段的进步，近十多年来，越来越多的研究注意采用多变量设计，以揭示心理与教育活动各个方面的相互联系，探讨心理与教育活动的结构和影响心理与教育活动的各种因素及其相互作用。

（3）强调采用综合设计方式。我们以发展心理学的研究设计为例加以分析说明。在个体心理发展的研究中，纵向研究设计和横向研究设计是两种最常用、最基本的设计类型，二者各有其优缺点。若像传统研究那样独立运用其中之一，它们都存在不少局限性。因此，在目前的发展研究中，研究者通常将二者交叠在一起构成聚合式交叉设计，其设计图解如图 1 - 1 所示。

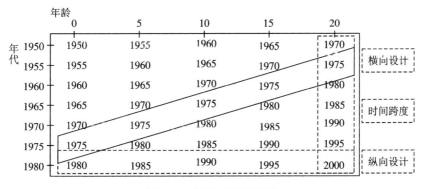

图 1 - 1　聚合式交叉设计

聚合式交叉设计可以在较长的时间跨度内，对不同年龄段的个体进行考察。利用这种设计，我们既可以在一个特定时间段内了解各年龄段个体心理特点的总体情况（图中斜向框所示），又可以从纵向发展的角度认识个体心理特征随年龄增长而出现的变化与发展（图中横向框所示），还可以探讨与不同年代相联系的社会历史因素对个体心理发展产生的影响（图中纵向框所示）。

（4）注重将定性和定量研究方法结合起来。近年来，心理与教育研究者在继续重视定量研究方法的同时，开始注重运用各种定性方法（如参与观察法、口头报告法）对心理与教育活动进行充分的观察、了解，并对其性质、意义做出定性分析，然后按一定维度对定性分析结果进行编码，并做出定量化分析。这样就加深了对人的心理活动的过程、特点和教育教学规律的认识，获得了较为全面的主客观数据、资料，挖掘出了数据、资料的深层含义。

四、研究手段的现代化

近一二十年来，随着现代科学技术的迅速发展，心理与教育研究的手段和技术日益现代化，这主要体现在如下三个方面。

（1）一些新兴的研究领域出现了大量新的研究技术和手段。比如，随着认知神经科学研究的不断发展，心理与教育科学的研究与当今科学技术的进展结合得越来越紧密。一些最前沿的人脑研究手段，比如 PET、fMRI、MEG 和 ERPs 等都已经运用到心理与教育的研究中。这些手段的利用打破了传统心理学研究不能观察到人脑内部情况的局限，从而大大拓展了心理学研究问题的广度和深度，并帮助我们越来越深入地探讨人脑的奥秘和心理的本质。

（2）心理与教育研究手段现代化的特点，还体现在一些现代化的实验室和观察室的建立上。比如，在发展心理学研究领域，单向玻璃和装备有多台隐形（针孔）摄像机的实验室的使用越来越普遍，同时一些自动化的编码软件也开始使用，大大提高了观察记录的准确性和客观性。在情绪研究领域，除了摄像机可以记录表情外，多导的生理记录仪还可以记录到心跳、血压、声带震动、呼吸、皮肤电等生理数据。

（3）计算机网络在心理与教育研究过程中的各个环节大量应用，是研究手段现代化的又一个特点。今天，计算机已经成为心理与教育研究不可缺少的一部分。在认知神经科学研究领域，海量的大脑信息数据只能通过计算机进行处理；在发展心理学领域，随着数据量的增加和统计模型的不断复杂化，计算机的使用已经不可或缺。同时，随着计算机技术和网络的发展，我们已经可以利用计算机来完成很多以前无法完成的研究工作，包括在线的心理测试、远程心理实验、网上讨论、网络文献检索、研究数据网上共享等。这些都大大提高了心理与教育研究的效率，并增进了研究者之间的交流与合作，促进了研究水平的提高。

五、研究结果的数学化

现在，心理与教育研究越来越离不开数学。它们日益把数学及其方法作为研究心理与教育现象、揭示心理与教育规律的重要工具和表达方式。数学及其方法的渗透，使整个心理与教育研究处于深刻的数学化进程之中。20 世纪 70 年代以来，随着当代科学技术和当代数学的发展，心理与教育研究的数学化出现了一些新的特点。

（1）研究者在研究中越来越多地采用多元分析方法。我们知道，自 20 世纪 20 年代费歇尔把随机化程序和统计检验方法引入心理学研究以来，数理统计方法和其他数学方法在心理学研究中应用得越来越多，大大地提高了心理学分析与研究的水平。但是，在 20 世纪五六十年代以前，比较流行的是单因素或单变量关系分析，它们在揭示心理活动中多方面、多因素的相互影响和作用的关系时表现出极大的局限性。如前所述，为了探讨多种因素、多种变量间的复杂关系，心理与教育研究目前大量采用多变量设计，相应地，也必然要求对研究结果进行多变量分析。而近十几年来计算机的迅速发展和应用，则为进行多元分析提供了重要的计算手段，使多元分析在心理与教育研究中的广泛应用成为可能。常用的多元分析方法有多元方差分析、多元回归分析和因素分析等。这些方法的采用，使心理与教育研究及分析的水平出现了重要的突破和发展。

（2）计算机已成为最重要的计算工具。过去，由于心理与教育活动复杂，多参数、多变量、多层次的许多心理与教育研究工作因为计算工作量大、非人力所及而难以进行，不能用数学方法对很多心理、教育问题进行探讨。而计算机的发展和广泛应用，扩大了数学及其方法在心理与教育科学研究中的使用范围，加速了心理与教育研究的数学化趋势。比如，数学方法与计算机结合，可以模拟人的心理活动规律、教育教学过程，建立有关心理与教育方面的数学模型、预测模式；许多计算机专用统计软件包的开发和使用，使研究数据采集、整理、贮存和分析的准确性、速度大大提高，成为心理与教育研究者对研究结果进行统计分析的最常用、最简便、最有力的手段。

（3）传统的使用定性方法的领域，开始采用元分析等定量方法。元分析是 20 世纪 70 年代以来发展起来的一种定量分析方法，它运用有关测量和统计分析技术，对已完成的众多相同课题涉及的变量进行定量分析，目的在于从大量的研究结果中发现和得出综合性的、具有普遍意义的结论。这种方法对于总结以往研究的成果、得出一般规律、发现问题并在此基础上开展进一步研究，具有重要的实践和理论意义。

（4）模糊数学在心理与教育研究中日益得到广泛应用。心理与教育研究的许多对象都具有不确定性，即模糊性，如性格的内向与外向之间、能力的强与弱之间、智力的高与低之间，都没有一个明确的界限，而只是存在程度上的差异。长期以来，人们一直把许多心理与教育现象的不确定性等同于随机性，并用概率论加以处理。但是，1965 年美国控制论专家扎德对随机性和不确定性做了明确区别，并提出了不同于概率论的模糊集合论，用它处理模糊性。近年来，随着模糊数学研究的不断深入，它日益在心理与教育科学研究领域得到大量应用。在心理与教育研究中，用模糊数学方法研究人类模型识别、概念理解、学习兴趣、自我评价、商品的受喜爱程度、学校对教师工作的评定等，都取得了显著成绩。模糊数学的引入，已为心理与教育研究开辟了新的途径。

除上述特点外，近年来，许多研究者还将一些统计方法（如时间滞后相关分析、路径分析等）用于分析自然观察的结果，通过对几个变量在某个时刻的相关与经过一定时间以后对它们之间相关的比较，在一定程度上推论因果方向，得出因果结论。

第二章

大数据背景下高职院校大学生心理健康教育的现状分析

    对大数据背景下高职院校大学生心理健康教育的研究，首先要全面客观了解当前高职院校网络心理健康教育的实际情况。这一现状分为两个方面：一是大学生对网络心理健康教育的认知和需求；二是高职院校网络心理健康教育的实施情况。随着大数据网络时代的到来，网络心理健康教育在各高职院校普遍开展起来。主要表现在：建立专门的心理健康教育网站，开展各种形式的网络心理咨询，进行网上心理普查并建立网络心理健康档案，以及开辟网络心理知识学习园地等。那么，大学生对网络心理健康教育有着怎样的认知和需求？网络心理健康教育的现状是否能够满足大学生的需求？

    本书针对高职院校网络心理健康教育现状展开分析，主要以我国高职院校心理健康教育的整体情况为研究对象。在广泛查阅已有文献资料的基础上，通过问卷调查和访谈等实证方式来掌握大学生的心理状况及其对网络心理健康教育的认知和需求情况，运用网页观察法，以调查心理健康教育网站建设情况为例，推断我国目前高职院校网络心理健康教育的现状。

第一节 高职院校大学生对大数据网络心理健康教育的认知和需求

对研究对象的心理健康教育需求评定是进行心理健康教育工作的基础和起点。心理健康教育需求是个体生存和发展过程中保持与促进心理健康发展的一种普遍需求，包括感知到的主观需求和未感知到的客观需求。大学生对网络心理健康教育的需求是指当前网络心理健康水平与期望心理健康水平不平衡所导致的状态缺失。它为将要达到的高职院校网络心理健康教育目标进行评定和规划，因而是一种发展性需求评价。

虽然大学生是网络的主要使用群体，且其网络心理问题也日益增多，但是他们对网络心理健康教育的认识和需求却不得而知。为此，笔者在文献整理基础上，自编了《高职院校网络心理健康教育调查问卷》，试图了解大学生对网络心理健康教育的认知，借助网络解决心理困扰的基本情况以及大学生的网络心理健康教育需求的具体情况，进而探讨如何满足大学生的这些需求，改进和完善高职院校网络心理健康教育工作。调查采取无记名分层抽样，对几所高职院校 1～3 年级大学生发放问卷 1300 份，回收有效问卷 1200 份，回收率 92%。调查对象基本情况如表 2－1 所示。

表 2－1 高职院校网络心理健康教育调查对象基本情况统计表

属性	类别	有效问卷	百分比	属性	类别	有效问卷	百分比
性别	男	720 份	60%	学科	文科	504 份	42%
	女	480 份	40%		理工科	696 份	58%
年级	大一	540 份	45%	独生子女	是	444 份	37%
	大二	360 份	30%		否	756 份	63%
	大三	300 份	25%	生源	农村	816 份	68%
					城镇	384 份	32%

一、关于网络心理健康服务的形式和内容

（一）关于网络心理健康服务的形式

本次调查要求被调查者选出自己所了解的网络心理健康服务的形式。因大多数调查问题是多选题，所以本研究的结果分总频数（N）和总频率的形式呈现。

根据调查结果（见表2-2），我们可以看出被调查者对于网络心理健康服务形式有着明确的认知和偏好。网络心理咨询是最受欢迎的服务形式，有47%的被调查者选择了这一选项。这表明大多数用户更喜欢通过在线平台寻求心理咨询和支持。网络心理咨询的受欢迎程度主要是依赖于网络心理咨询较好的隐匿性、开放性和便捷性等特点。网络心理测试也受到了不少用户的青睐，占总频率的26%。这显示被调查者对通过网络进行心理测试和评估的需求较高。网络心理测试能够为用户提供一种简便快捷的了解自己心理状况的方式。此外，12%的被调查者选择了电子邮件咨询，15%的被调查者选择了电话心理咨询。这表明一部分用户愿意通过邮件或电话的方式进行心理咨询，可能是出于更加私密和直接的沟通需求。总体来说，网络心理咨询和测试是最为普遍和受欢迎的网络心理健康服务形式。然而，不同的用户可能对不同的服务形式有不同的偏好，因此提供多样化的服务形式能够更好地满足用户的需求。这些结果为网络心理健康服务的提供者与决策者提供了有益的参考和指导。

根据调查结果（见表2-3），我们可以得出结论：在高度互动的网络环境中，有相当一部分大学生愿意通过网络平台与他人进行心理探讨和交流。具体来说，有60%的被调查大学生表示愿意在网上与人进行心理探讨，这表明他们对于通过网络平台与他人分享心理问题和经验持开放态度，愿意借助网络进行心理交流和互动。此外，40%的被调查大学生表示不愿意在网上与人进行心理探讨。这可能是因为他们更喜欢保持隐私，或者更倾向于通过其他途径来处理心理问题。总体来说，网络平台为大学生提供了一个便捷的心理探讨渠道，在提供网络心理健康服务时，需要充分考虑用户的需求和偏好，为愿意进行心理探讨的用户提供支持和互动机会，同时尊重

不愿意进行心理探讨的用户的隐私和个人选择，这样才能更好地满足不同用户的需求，提供更有效的心理支持和帮助。

根据进一步调查结果（见表2-4），我们可以得出以下结论：在大学生中，对于网上心理互动形式的偏好呈现出一定的差异。在线心理咨询仍然是最受大学生欢迎的网上心理互动形式，占总频率的34%。这表明大学生愿意通过在线平台与心理专业人员进行即时的交流和咨询，体现了对即时支持的需求。电子邮件咨询在大学生中仍然不太受欢迎，仅占总频率的10%。这可能是因为电子邮件咨询相对于在线咨询而言，交流速度较慢，不能满足大学生对于即时性的需求。调查中的"其他"选项占据了10%的频率，这提示我们有必要进一步探索大学生喜欢的其他网上心理互动形式。这些"其他"形式可能是一些创新的、定制化的，或者特定于某种群体需求的心理互动方式，值得我们进一步研究和了解。综合以上结果，我们可以得出结论：大学生对于在线心理咨询的需求较高，而电子邮件咨询相对较少受到欢迎。在设计网上心理健康服务时，应重点关注在线心理咨询的提供，同时不断探索创新的互动形式，以满足大学生多样化的心理需求。对于那些"其他"选项，进一步的研究和调查可以帮助我们了解大学生对于特定心理互动形式的喜好和需求，从而更好地优化心理健康服务的提供。

表2-2　网络心理健康服务形式

所知服务形式	总频数 N	总频率
网络心理咨询	560	47%
网络心理测试	312	26%
电子邮件咨询	148	12%
电话心理咨询	180	15%

表2-3　网上心理探讨需求

网上心理探讨需求	总频数 N	总频率
愿意和人探讨	720	60%
不愿意和人探讨	480	40%

表 2 - 4 网上心理互动形式需求

网上心理互动形式需求	总频数 N	总频率
在线心理咨询	405	34%
心理论坛	288	24%
延伸到网下的心理活动	261	22%
留言或者电子邮件	120	10%
其他	126	10%

（二）关于网络心理健康教育需求内容

对"网络心理健康教育需求内容"这一问题的调查发现（见表 2 - 5）：大学生对网络心理健康教育的需求主要集中在心理调适方法和专业心理咨询方面，分别占 35% 和 28%。这表明大学生对于学习和获取心理调适技巧以及与心理专业人员进行咨询的需求较为迫切。心理调适的方法是最受欢迎的需求，几乎达到了半数以上的比例。这可能是因为大学生面临学业、人际关系等多样化压力，希望学习有效的心理调适方法来更好地应对生活中的挑战。专业心理咨询也得到了 28% 的关注。大学生愿意通过网络平台向心理专业人员寻求咨询和支持，这表明大学生对心理问题的认知和态度逐渐开放和积极。然而，对知心倾诉对象和参与心理活动的需求比例较低，可能是因为在网络环境中，大学生更倾向于获取信息和技能，而对于知心倾诉和参与心理活动等更需要实时互动和社交的活动，可能更倾向于在线下进行。

综合以上分析，我们可以看出大学生对于网络心理健康教育的需求主要集中在心理调适的方法和专业心理咨询方面，显示出对心理问题的认知和态度较为积极。此外，标准心理测试也受到一定程度的关注，但对于知心的倾诉对象和参与心理活动的需求较低。在设计网络心理健康教育内容时，应重点关注心理调适方法和专业咨询，并加强心理测试和知识的宣传与教育。同时，对于实时互动和社交需求较高的部分，可以在线下提供更多适合的活动。

表 2 - 5 大学生对网络心理健康教育需求内容

需求方面	总频数 N	总频率
标准心理测试	223	19%
专业心理咨询	334	28%
心理调适的方法	425	35%
知心的倾诉对象	112	9%
参与心理活动	106	9%

二、对网络心理咨询的认知和需求

目前网络心理咨询的发展势不可挡,开展网络心理咨询也是高职院校网络心理健康教育实践中的重要一项。① 因此,笔者就高职院校网络心理咨询这一项内容单独进行了调查分析。

(一)大学生寻求网络心理咨询的意愿、方式和原因

在以往的研究中,只有9%的大学生在现实中接受过心理咨询,但愿意接受心理咨询的比例达到40%。然而,调查结果显示,已经有34.5%的大学生通过多种方式在网上寻求过心理帮助,这意味着大学生已经是网络心理咨询的实际使用者。在遇到心理困扰时愿意接受网络心理咨询的大学生占总调查人数的57.6%,这表明大学生更乐于接受网络心理咨询。这一结果与张永红等专家所研究大学生更愿意接受网络心理咨询的结果相一致。

网络心理咨询是一种非面对面的远程咨询,其咨询方式有多种,如在线义本交谈、留言板咨询、网上论坛咨询、电子邮件咨询、在线语音咨询和实时视频咨询等。本次调查要求被调查者回答对网络心理咨询方式的期望:62.1%的大学生首选在线交谈或聊天室这种形式,23%的大学生选择了电子邮件,另有8%和6.9%的人分别选择了实时视频和留言板或论坛。这说明大学生更倾向于通过文字形式获得心理咨询帮助,这与网络隐匿性的特点相吻合。

---

① 廖雨涵. 网络媒体语境下高校大学生心理教育的创新探讨 [J]. 祖国, 2018 (08): 108.

大学生接受网络心理咨询的原因：第一，大学生是网络的积极使用者，大部分大学生每天都上网，网络已成为他们生活中不可或缺的一部分，因此选择通过网络寻求帮助是顺理成章的选择。第二，网络本身的特点，如方便快捷、不受时空限制和匿名性，成为大学生选择网络心理咨询的原因，其中有63%的大学生将匿名性作为选择网络咨询的原因。这些特点使得网络心理咨询相较于面对面咨询具有优势。第三，大学生期望通过网络解决的心理问题范围广泛，这增加了网络心理咨询服务的功能性，网络心理咨询在满足大学生的心理需求和解决心理问题方面具有很大的潜力。

（二）大学生进行心理咨询的途径和网络心理咨询的问题类型

在分析大学生进行心理咨询的途径时（见表2－6），我们发现网络心理咨询是大学生中最常用的心理咨询途径，占总频率的34%。这结果说明网络平台在大学生心理咨询中具有广泛的接受度和受欢迎程度。网络心理咨询的优势在于它提供了非面对面的远程咨询，方便快捷，不受时间和地域的限制，同时保持了匿名性，让大学生更容易打破心理障碍，敞开心扉。相较于传统的学校心理咨询和医院心理门诊，网络心理咨询的灵活性和隐私性可能更符合大学生的心理健康需求。此外，调查显示，学校心理咨询占总频率的22%，这表明学校提供的心理咨询服务在大学生中也具有一定的认知和使用率。学校心理咨询通常面向校园内学生提供专业的心理支持和咨询服务，更接近学生的学习和生活环境。医院心理门诊的使用比例相对较低，只有7%，这可能与医院心理门诊服务的局限性和较严肃的就医流程有关。社会咨询机构的使用率更低，仅为3%，可能是因为大学生在选择心理咨询途径时更倾向于选择学校和网络平台，因为它们更接近他们的日常生活。

对于网络心理咨询的问题类型（见表2－7），大学生主要咨询的问题类型是一般心理困惑，占总频率的35%。这表明大学生更多地通过网络寻求一般性心理问题的解决方法和建议。这些问题可能涵盖学业压力、人际关系、情绪管理等与日常生活相关的方面。有21%的大学生向网络心理咨询机构咨询严重的心理问题，这也体现了网络平台在提供对于较为严重问题的支持上的重要性。对于这些问题，大学生可能更愿意通过网络咨询来保持隐私和匿名性，减轻面对面咨询的紧张感。然而，也有一定比例的大学生不愿意通过网络咨询心理问题，占总频率的7%，而是选择其他途径。这可能与一些大学生对于网络咨询的信任度、有效性以及与面对面咨询相比的优劣有关。因此，在提供网络心理咨询服务时，要充分考虑这些顾虑，提供更好的服务和信任建立，使大学生愿意接受网络心理咨询。

总体来说，网络心理咨询在大学生中有较高的接受程度，适应了大学生的生活方式和隐私需求。大学生更倾向于通过文字交流来寻求一般性心理问题的帮助，并希望获得对于严重问题和特殊事件的支持。学校心理咨询在大学生中也有一定的认知和使用率。然而，要提高网络心理咨询的接受度，需要关注大学生的信任问题，并提供专业、高效、灵活的服务。

表2-6　大学生进行心理咨询的途径

咨询途径	总频数 N	总频率
网络心理咨询	409	34%
学校心理咨询	261	22%
医院心理门诊	83	7%
社会咨询机构	40	3%
视情况而定	407	34%

表2-7　网络心理咨询的问题类型

问题类型	总频数 N	总频率
一般心理困惑	423	35%
严重的心理问题	251	21%
突遇的特殊事件	216	18%
以上情况都不愿意	78	7%
看情况	232	19%

我们进一步调查了大学生期望通过网络心理咨询解决心理问题的具体类型，根据调查结果（见表2-8），我们可以看到大学生在网络心理咨询中关注的问题类型多样且涵盖了各个方面：学习问题是大学生咨询的一大类，占总频率的10%。这可能涉及学业压力、学习效率、时间管理等与学习相

关的困扰。大学生在面对繁重的学业任务和学习压力时，希望获得心理咨询来更好地应对学习挑战，提高学习效果。个人发展问题也备受大学生关注，占总频率的12%。这意味着大学生在网络心理咨询中希望得到关于职业规划、自我认知、个人目标等方面的指导和建议。对于即将步入社会的大学生而言，个人发展问题显得尤为重要，他们希望通过咨询获得更清晰的职业方向和提升个人能力的方法。情感问题在网络心理咨询中也占据重要地位，占总频率的10%。这可能涉及与情绪相关的焦虑、抑郁、情绪管理等方面的困扰。大学生在面对生活中的情感波动和心理压力时，希望借助网络心理咨询来寻求情感支持和情绪调节的方法。人际问题是大学生咨询的一个显著问题类型，占总频率的17%。这显示大学生对于与他人相处和人际关系的问题较为关注。这可能涉及友情、恋爱、社交焦虑等方面的咨询需求。在大学生活中，社交圈的扩大和人际关系的构建对于心理健康至关重要，因此大学生通过网络咨询来探讨人际问题是较为常见的。除此之外，大学生还会在网络心理咨询中关注其他方面的问题，如家庭问题（占7%）、适应问题（占9%）、自我认识（占10%）、睡眠问题（占3%）等。这些结果显示了大学生在网络心理咨询中希望获得多样化的支持和帮助，涵盖了他们生活中的各个方面。

综上所述，网络心理咨询为大学生提供了一个便捷、私密的平台，使他们能够积极探讨和解决学习、情感、人际等多样化的心理问题。针对这些问题类型的需求，网络心理咨询服务应该提供专业的支持和指导，帮助大学生更好地应对心理困扰，促进他们的心理健康成长。同时，针对不同问题类型的特点，心理咨询师可以采用不同的咨询技术和方法，以更好地满足大学生的需求。

表 2-8　大学生期望通过网络心理咨询解决心理问题的类型

	学习问题	个人发展	家庭问题	适应问题	情感问题	人际问题	自我认识	睡眠问题	情绪问题
总频数 N	120	148	86	102	121	204	118	34	267
总频率	10%	12%	7%	9%	10%	17%	10%	3%	22%

（三）大学生对网络心理咨询设置的需求

根据调查结果（见表2-9），大学生在进行网络心理咨询时，咨询时间呈现不同的倾向：

晚上是大学生进行网络心理咨询最为普遍的时间段，占总频率的59%。这表明晚上是大学生在网络平台上寻求心理咨询的主要时间段。晚上可能是大学生闲暇的时候，也是他们面对心理问题时希望得到支持和解决方案的时间段。晚上咨询的普遍性可能与大学生白天有课和学习等活动的安排有关，导致晚上成为更适合咨询的时间段。白天是进行网络心理咨询的次要时间段，占总频率的12%。白天可能是大学生较为空闲的时间段，部分学生可能在课余时间或者午休时选择进行咨询。虽然相对于晚上，白天的咨询频率较低，但仍有一部分学生在白天寻求心理咨询。另外，约29%的大学生表示对咨询时间无所谓，这可能表示他们相对灵活，愿意在适合的时间段进行心理咨询。这部分学生可能更注重咨询的效果和质量，而不拘泥于具体的时间。

表2-9　大学生对网络心理咨询时间的需求

咨询时间	总频数 N	总频率
白天	144	12%
晚上	708	59%
全天均可	348	29%

根据调查结果（见表2-10和2-11），大学生在选择网络心理咨询师的性别和年龄时表现出不同的倾向和态度：

关于咨询师性别，约57%的大学生表示对咨询师性别无所谓。这表明大多数学生对于咨询师的性别并没有特定的偏好，他们更看重咨询师的专业能力和能否提供有效的心理支持。对于这些学生来说，性别并不是选择咨询服务的决定性因素，他们更注重咨询师是否能够在专业水平上满足自己的需求。约35%的大学生更倾向于选择女性咨询师。这可能是因为女性咨询师在某些学生中更容易产生亲和力和共鸣，她们可能更擅长表达温暖和关怀。对于一些需要情感支持和倾诉的学生，女性咨询师可能更受欢迎，因为她们能够更好地理解学生的情感需求。另外，仅约8%的大学生倾向于选择男性咨询师。这可能是由于个别学生对于男性咨询师的沟通方式或亲和力有所担忧。然而，这一比例不足以说明大学生普遍对于男性咨询师的排斥。对于有些学生来说，男性咨询师可能能提供独特的视角和支持，与他们建立良好的工作关系。

关于咨询师年龄，约41%的大学生表示对咨询师年龄无所谓，这表明大多数学生对于咨询师的年龄并没有特定的偏好。他们可能更关注咨询师的经验和专业背景，而不是年龄因素。年轻的咨询师和年长的咨询师在学生中受欢迎程度相近，各占约30%和29%的频率。

大学生在选择网络心理咨询师的性别和年龄时，大部分学生对于性别和年龄没有特定的偏好，更看重咨询师的专业能力和心理支持效果。女性咨询师相对较受欢迎，可能因为她们在某些学生中更具亲和力和温暖感。而相对较少的学生倾向于选择男性咨询师，这可能是因为个别学生对于男性咨询师的一些担忧。在提供网络心理咨询服务时，重要的是尊重学生的选择权，确保咨询师能够提供专业和有效的支持，帮助学生解决心理问题，无论其性别和年龄如何。

表 2-10　大学生对网络心理咨询师性别的需求

咨询师性别	总频数 N	总频率
男性	96	8%
女性	420	35%
无所谓	684	57%

表 2-11　大学生对网络心理咨询师年龄的需求

咨询师年龄	总频数 N	总频率
年轻	360	30%
年长	348	29%
无所谓	492	41%

根据调查结果（见表 2-12），大学生对于网络心理咨询中的不同方面表现出不同程度的关注和重视：

在选择网络交流工具方面，约7%的大学生表示关注网络交流工具的选择。这表明有一部分学生对于网络咨询平台的稳定性、安全性和便捷性有一定的要求。他们可能更倾向于选择使用功能完善、易于操作的网络交流工具来进行心理咨询，以确保咨询的顺利进行和信息的安全传输。咨询师的专业水平是大学生选择网络心理咨询的重要考虑因素，约49%的学生表示关注咨询师的专业水平。这显示大学生非常重视咨询师的专业能力和经验，希望能够获得高质量的心理咨询服务。专业水平高的咨询师可能更擅长分析和解决学生的心理问题，使学生能够获得有效的心理支持和帮助。约28%的大学生表示关注咨询师的语言技巧。这意味着一部分学生更注重咨询师在沟通和表达方面的能力。良好的语言技巧可以使咨询师与学生更好地建立联系，帮助学生更好地理解咨询内容和咨询师的建议，从而更有效地实现心理咨询的目标。咨询者配合度对于大学生来说也是一项重要的考虑因素，约6%的学生表示关注咨询者的配合度。咨询者的配合度指的是学生在咨询过程中与咨询师的积极合作程度。配合度高的学生通常更愿意接受咨询师的建议和指导，主动参与咨询过程，使心理咨询更具成效。最后，约10%的大学生表示关注咨询者问题性质。这可能指学生在心理咨询中所面对的具体问题类型，如学业压力、情感困扰、人际问题等。不同类型的问题可能需要不同的咨询方法和技巧，因此学生关注问题性质可能希望找到专业性强、针对性好的心理咨询师。

大学生在选择网络心理咨询时，关注的方面多样。他们既关注咨询师的专业水平和语言技巧，希望获得高质量的心理支持，又关注网络交流工具的稳定性和便捷性，以确保咨询过程的顺利进行。此外，学生也注重咨询者的配合度和问题性质，希望能够与咨询师积极合作，解决自己面临的心理问题。了解这些关注点可以帮助提供更加贴合学生需求的网络心理咨询服务，为大学生的心理健康提供更有效的支持和帮助。

表 2-12　影响网络心理咨询效果的因素

	网络交流工具	咨询师专业水平	咨询师语言技巧	咨询者配合度	咨询者问题性质
总频数 N	84	588	336	72	120
总频率%	7%	49%	28%	6%	10%

第二节　高职院校开展网络心理健康教育的情况

心理健康教育网站，简称"心育"网站，是网络信息时代心理健康教育工作的新领域，是利用现代传播媒介进行心理健康教育宣传的重要平台。它作为现实心理健康教育的补充和延伸，在引导大学生树立正确的心理健康观，提高心理健康素质，了解心理学知识，解决心理困惑等方面，发挥着越来越重要的作用。

笔者采用网页观察法，点击部分高职院校的主页，寻找心理健康教育网站，调查其开展网络心理健康教育的情况。

一、高职院校心理健康教育网站建设情况

（一）大学生关注心理类网站的程度和原因

大学生关注心理类网站的程度和浏览心理类网站的原因，能很大程度上集中反映出高职院校网络心理健康教育的现状。

根据调查结果（见表 2 - 13 和 2 - 14），大学生对心理类网站的关注程度和浏览原因表现出多样性：

关于心理类网站的关注程度，有 37% 的大学生表示有时去看。这表明一部分学生对心理类网站有一定的兴趣，但并非经常浏览。另外，16% 的学生表示想看，但不知道具体的网站，这可能意味着一些学生对于心理类网站的内容感兴趣，但尚未找到适合自己的网站。有 25% 的学生暂时没兴趣，而 17% 的学生从没看过，也不想去看，这可能是因为他们对心理类网站的内容或价值持保留态度。

关于浏览心理类网站的原因，有 37% 的学生表示好奇或感兴趣是浏览的主要原因。这表明一些学生对于心理学和心理健康话题有浓厚的兴趣，希望通过网站了解更多相关内容。有 27% 的学生表示浏览是为了寻找符合

自己需求的内容，这可能是因为学生希望在心理类网站上寻找针对自己问题的解决方案和建议。另外，17%的学生表示浏览是因为偶然链接到，这意味着有些学生可能是通过其他途径进入心理类网站的，而不是主动寻找。还有8%的学生表示广告或界面吸引眼球是浏览的原因，这可能是因为网站的宣传和界面设计吸引了他们的注意。

此外，11%的学生表示其他原因，这可能包含一些个人特殊的原因，如被他人推荐、参与学校或社区活动等。这些学生可能通过其他途径获得心理类网站的关注，而不在以上几个选项中。

表 2-13　大学生关注心理类网站的程度

对心理类网站的关注	总频数 N	总频率
经常浏览	56	5%
有时去看	443	37%
想看，但不知道网站	192	16%
暂时没兴趣	303	25%
从没看过，也不想去看	206	17%

表 2-14　大学生关注心理类网站的原因

浏览心理类网站的原因	总频数 N	总频率
好奇或者感兴趣	444	37%
广告或界面吸引眼球	96	8%
为寻找符合需求的内容	324	27%
偶然链接到	204	17%
其他	132	11%

（二）关于心理健康教育网站的设计理念和内容

心理健康教育网站的设计理念在于吸引大学生的注意和兴趣，以满足他们在心理健康方面的需求。调查结果显示，大学生对于一个吸引人的网站最看重的是内容的丰富性（60.2%），其次是内容更新的快速性（30.2%），以及信息的可靠性（9.6%）。这意味着一个成功的心理健康教育网站应该提供丰富多样的内容，并保持持续更新，同时保证所提供的信息具有可靠性和权威性，让大学生能够在网站上找到有用且值得信赖的心理知识和帮助。

调查还发现，大学生对于网上心理健康教育的各种服务功能都感兴趣，这包括心灵导航、网上聊天室、情感天地、个人发展、心理诊室和处方等栏目设置。在"心灵导航"类栏目中，大学生希望能够通过网络向心理专家咨询解决现实生活中遇到的心理问题，这体现了他们对于专业支持和指导的需求。在"网上聊天室"中，大学生希望能够与同龄人毫无顾忌地谈论共同关心的话题，这显示他们对于交流和互动的渴望。在"情感天地"中，大学生渴望了解爱情、学会合适地表达爱的方式等爱的艺术，这体现了他们对于情感和人际关系方面的关注。而对于"个人发展"栏目，大学生希望网站能提供择业指导、减轻就业压力和提高学习效率的方法，这反映了他们对于个人成长和未来规划的需求。在"心理诊室和处方"中，大学生希望从网站上了解一些常见的心理疾病案例及其治疗方法，这说明他们对于心理健康问题的认知和关注。

此外，针对不同年级学生的不同需求特点，心理健康教育网站应该进行差异化设置。大一和大二学生更需要适应、学习、人际、恋爱等方面的指导，因为他们刚刚步入大学环境，面临新的生活和人际关系。而大三学生更关注个人发展、就业、创业、考研等方面的内容，因为他们即将面临毕业和未来的职业规划。因此，网站应根据学生的不同群体属性，安排针对性的内容，并保持及时更新，以满足各类大学生在心理健康方面的各种需求。

总的来说，心理健康教育网站应当致力于提供丰富多样、及时更新、可靠权威的内容，同时根据不同群体的需求特点，差异化设置栏目，满足大学生在心理健康方面的各种需求，为他们提供有效的心理支持和帮助，促进他们的心理健康和成长。

二、高职院校网络心理咨询的实施情况

高职院校网络心理健康教育的主要阵地是心理健康教育网站，而网络心理咨询是实施网络心理健康教育的主要途径。可见，心理健康教育网站

的建设状况和网络心理咨询的实施情况是评估一个高职院校网络心理健康教育水平的两项重要指标。所以我们在对高职院校心理健康教育网站建设现状进行实证研究的同时，调查了高职院校网络心理咨询的实施情况。在对高职院校网络心理咨询的实施情况的调查中，有34.5%的学生（414人）尝试过借助网络解决心理困扰。

（一）获知网络心理咨询服务的途径、使用频率、服务提供方

接受过网络心理咨询的大学生中，有51.2%的人是通过网络搜索获知该服务的，33.5%的人是通过论坛帖子，另外15.3%的人是通过学校的宣传获知的。

调查显示，只有15.9%的人选择了"一周一次有规律的咨询"，而84.1%的同学选择了"其他"，主要填写的是"偶尔"和"很少"。

关于心理咨询的服务提供方，分别有29.4%的人和35.5%的人接受过高职院校心理健康指导中心及非营利性公益组织的帮助；5.9%的人寻求过社会上专业心理咨询机构帮助；没有人接受过医疗机构的帮助；但是另有29.2%人次选择了"其他"，主要为接受个人提供的网络心理咨询。

（二）借助网络寻求心理帮助的途径

对接受使用过网络心理咨询的414名大学生进一步调查，根据调查结果（见表2－15），大学生对心理健康教育网站的需求呈现多样化趋势。首先，大学生普遍对获取心理知识和浏览心理网站或心理博客表现出相近的兴趣，占比均为16%，这反映了他们对心理学知识和心理经验的渴望，希望能够从网站上获取专业心理知识和他人的心理经验分享，以增进对自身心理健康的认知和理解。其次，28%的大学生对通过心理测试进行心理治疗感兴趣，这显示他们对个性化的心理治疗方案的需求，希望通过心理测试来了解自己的心理状况并获得针对性的心理帮助。而仅有3%的学生表示对接受专业网络心理咨询感兴趣，虽然比例较低，但也表明一部分学生愿意通过网络平台与专业心理咨询师进行私人咨询，这对于提供及时性和个性化的心理支持至关重要。再次，23%的学生对通过实时聊天工具与他人进行心理讨论感兴趣，表现出他们希望在虚拟环境中与他人交流和分享心理问题的愿望。复次，有12%的学生表示希望在论坛或留言板中进行提问，这体现了他们希望通过网上社区的形式与他人交流和寻求帮助，建立互助性的心理支持网络。最后，值得注意的是，还有2%的学生选择了"其他"选项，这可能包含了一些个性化的心理健康需求和期望，需要进一步深入了解其具体内容。综合来看，大学生对心理健康教育网站的需求涵盖了心理知识获取、心理治疗、心理咨询、心理交流和社区支持等多个方面，网站应兼顾这些需求，提供丰富多样的服务内容和形式，以满足大学生在心理健康方面的不同需求，促进他们的心理成长和健康发展。

表 2 – 15   大学生借助网络寻求心理帮助的途径

	获取心理知识	浏览心理网站/心理博客	做心理测试进行治疗	接受专业网络心理咨询	通过实时聊天工具与他人进行讨论	在论坛或留言板中进行提问	其他
总频数 N	66	66	116	12	96	50	8
总频率	16%	16%	28%	3%	23%	12%	2%

（三）对网络心理咨询服务的态度

根据调查，学生对网络心理咨询基本满意的占41.2%，感觉一般的占47%，有11.8%的学生对自己的咨询效果不满意。

然而，有研究表明，对高职院校网络心理咨询服务，广大学生及部分心理咨询师仍然存在很多质疑。根据调查结果，学生对网络心理咨询存在一些质疑和担忧。表 2 – 16 为"学生对网络心理咨询存在的疑问"（多选）调查数据，80%的学生表示对网络心理咨询的及时性有疑虑，他们担心咨询的反馈和回复时间可能较长，不能满足他们在紧急情况下及时获取帮助的需求。85%的学生认为网络心理咨询的信息量和质量存在问题，他们可能对咨询师提供的信息是否全面、准确以及专业持怀疑态度。同时，14%的学生对咨询师的专业性表示疑虑，可能担心网络咨询师的专业水平和经验是否能够与面对面咨询师相媲美。此外，17%的学生对网络心理咨询的有效性感到不确定，他们可能怀疑通过网络平台进行咨询是否能够有效解决他们的心理问题。

表 2 – 17 是"咨询师对网络心理咨询存在的疑问"（多选）的调查数据，从中可以看出，咨询师对网络心理咨询也存在一些质疑。约 66% 的咨询师对网络咨询的及时性有疑虑，可能认为网络咨询的反馈和回复时间相对较长。大约 17% 的咨询师对网络咨询的信息量和质量表示担忧，可能怀疑网络咨询的交流方式是否能够提供足够的信息来准确了解和辅助咨询对象。同时，约 27% 的咨询师对网络咨询的有效性存在疑虑，可能认为网络咨询是否能够像面对面咨询一样产生有效的心理辅助效果。

综合分析，学生和咨询师对网络心理咨询存在一定程度的质疑是可以理解的。网络咨询相较于传统面对面咨询，确实面临一些挑战，如及时性、信息量和质量、专业性和有效性等方面的问题。然而，值得注意的是，网络心理咨询也有其独特的优势，比如便利性、隐私性、灵活性等。为解决这些质疑，网络心理咨询平台需要不断改进和完善服务，提高及时性和反馈速度，确保提供高质量的信息和专业咨询。同时，咨询师在进行网络咨询时，也应注重专业性和有效性，通过有效的沟通和方法，增强网络咨询的心理支持效果。通过共同努力，网络心理咨询有望成为一种更加广泛接受和受益的心理健康服务形式。

表 2 – 16　学生对网络心理咨询存在的疑问

	及时性	信息量与质量	咨询师的专业性	有效性
学生人数（n = 1200）	954	1024	167	208
百分比	80%	85%	14%	17%

表 2 – 17　咨询师对网络心理咨询存在的疑问

	及时性	信息量与质量	有效性
咨询师人数（n = 100）	66	17	27
百分比	66%	17%	27%

三、高职院校网络心理健康教育组织管理情况

表 2 – 18 是"大学生加强网络心理健康教育的要求"（多选）调查结

果，大学生对加强网络心理健康教育提出了多项要求和期望：46%的大学生希望网络心理健康教育的内容能够联系实际，这表明他们希望网站上的心理知识和支持能够与他们的实际生活和心理问题相匹配，具有实用性和针对性。这对于提供个性化的心理支持和解决实际问题有着重要意义。63%的大学生强调正确引导和思想启迪的重要性。这意味着他们希望心理健康教育网站不仅提供心理知识，更要具有引导性，帮助他们树立积极的心理观念和正确的心理态度，促进心理成长和健康发展。28%的大学生希望网站能够与网民进行有效沟通。这体现了学生对心理教育网站交流和互动的需求，他们希望网站能够提供交流平台，与他人分享心理经验、解决问题，从中获得支持和启发。14%的大学生认为心理健康教育网站需要广泛宣传。这表明他们希望网站能够扩大影响力，让更多的大学生了解和使用心理健康教育资源，提高心理健康意识和素养。最后，11%的大学生对网站更新速度和漂亮页面表示关注。这意味着他们希望网站能够及时更新内容，保持新鲜感，并具有美观的页面设计，这有助于吸引更多用户的关注和参与。

综合分析，大学生对加强网络心理健康教育的要求涵盖了内容的实用性和针对性、正确引导和思想启迪、有效沟通和互动、广泛宣传以及网站的更新速度和页面设计。心理健康教育网站应充分考虑这些需求，提供丰富多样、有引导性和实用性的内容，同时积极推进宣传和互动，以满足大学生在心理健康教育方面的不同需求，促进他们的心理成长和健康发展。

表 2-18 大学生加强网络心理健康教育的要求

加强网络心理健康	总频数 N	总频率
联系实际的内容	552	46%
正确引导，思想启迪	756	63%
与网民的有效沟通	336	28%
广泛宣传	168	14%
网站更新速度与漂亮页面	132	11%

表 2 – 19 是"大学生对加强网络心理健康教育工作队伍建设的要求"（多选）的调查结果。大学生对加强网络心理健康教育工作队伍建设提出了多项要求，这些要求涵盖了网络心育工作者的职业素质和专业能力。79% 的大学生认为网络心育工作者需要具备优良的职业操守。这表明学生对网络心育工作者的职业道德和专业操守非常看重，他们希望网络心育工作者能够以负责任的态度对待咨询者，保护用户隐私，确保心理咨询过程的安全和保密性。62% 的大学生认为网络心育工作者需要具备渊博的心理知识。这意味着学生对网络心育工作者的专业水平和知识储备有较高的期望，他们希望网络心育工作者具有扎实的心理学理论基础，能够提供准确、全面、专业的心理咨询和支持。

表 2 – 19　大学生对加强网络心理健康教育工作队伍建设的要求

网络心育工作者需具备	总频数 N	总频率
优良的职业操守	948	79%
渊博的心理知识	744	62%
良好的沟通能力	900	75%
充足的上网时间	228	19%
熟悉网络文化和运用网络语言	348	29%

75% 的大学生强调良好的沟通能力是网络心育工作者的必备素质。这体现了学生对与心育工作者进行有效沟通和交流的需求，他们希望网络心育工作者能够倾听咨询者的需求和问题，并能够用简洁、明了的语言与他们进行沟通，建立良好的咨询关系。19% 的大学生认为网络心育工作者需要充足的上网时间，这表明学生希望网络心育工作者能够有足够的时间和精力投入心理咨询工作中，确保及时回复和提供持续的支持。29% 的大学生认为网络心育工作者需要熟悉网络文化和运用网络语言。这意味着学生对网络心育工作者的网络素养和交流能力有所关注，他们希望网络心育工作者能够熟悉网络环境，灵活运用网络语言和交流方式，以更好地与咨询者进行互动和沟通。

大学生对加强网络心理健康教育工作队伍建设的要求主要集中在网络心育工作者的职业操守、心理知识水平、沟通能力、时间投入和网络素养等方面。这些要求为提高网络心育工作者的服务质量和专业水平提供了重要的指导和参考，同时也对网络心育工作者提出了新的要求和挑战。网络心育工作者应不断提升自身的职业素质和专业能力，积极适应网络环境，为大学生提供更好的心理咨询和支持服务。

四、大数据背景下高职院校大学生心理健康教育现存问题分析

通过对我国大数据背景下高职院校心理健康教育现状的实证调查，我们发现高职院校心理健康教育工作在开展与宣传、内容与途径、机构与人员等方面还有待发展。具体表现在以下三个方面：

（1）目前我国高职院校对网络心理健康教育的重视程度不够，缺乏统筹规划和有效的工作机制，未能整合网络资源形成教育合力。

网络心理健康教育是一项复杂的系统工程，需要在国家、省级和高职院校三个层面建立一个立体、交叉的心理健康教育合力体系，以实现资源共享和协同发展。然而，建立和运行网络心理健康教育体系需要长时间、大量资金投入，并且短期内可能难以看到明显的效果。

由于缺乏对网络心理健康教育特点的全面把握，网络心理健康教育的方式还不够深入人心。为了充分发挥网络技术的优势和满足网络心理健康工作的需求，必须建立相应的领导和管理制度，对网络心理健康教育机制进行系统的总体规划。

目前，我们不仅缺乏具有权威性和综合性的心理健康教育门户网站，而且即便是高职院校层面的"心育"网站也存在建设技术水平和内容质量参差不齐的问题。各高职院校网站各自为政，封闭式的独立开发导致了教育资源的无效整合、分享和交流。这不仅造成了在大数据背景下平台建设的盲目性和重复性，也导致了信息资源的堵塞和遗漏。

综上所述，我们迫切需要在网络心理健康教育领域加强规划和组织，建立起国家、省级和高职院校三个层面的合作机制。同时，需要建立具有

权威性和综合性的心理健康教育门户网站，加强教育资源的整合与共享，以提升网络心理健康教育的效果和影响力。

（2）现有心理健康教育网站的功能发挥不足，缺乏师生互动和学生间互助的形式，未成为网络心理健康教育主渠道。

高职院校心理健康教育网站是高职院校心理健康教育工作不可或缺的一个组成部分，可承担多种真实的心理健康教育功能，包括心理健康知识的宣传、心理健康教育课程的视频教学、平常心理咨询等相关功能。[①] 如学生可以从网上了解心理咨询服务的详细介绍，包括每位咨询师的咨询专长，在网上申请个体心理咨询、团体心理辅导和参加朋辈互助活动等。当前大多数高职院校的心理健康教育网站内容的设置看似很全面，实际未充分发挥心理健康教育网站的各项功能。

关于网上心理测试的功能，比如湖南的一些高职院校购买了专门的心理测试软件，可以让新生入学心理普查通过大数据背景下进行施测和结果统计，这样使传统心理普查繁杂的工作程序得到简化，也使心理测试的结果可建立电子档案方便保存。但网上很多心理测试题并不是专业认证的测验，如江西某大学网站上的"你的成功指数有多少""测试你的自尊量"等。专业的心理测验除对测验结果有解释性文字，更重要的是对测验者的专业指导。这些只有题目，没有指导的非科学测验可能会对部分来访者造成误导。有些大学的心理健康教育网站上有关心理健康的知识性内容多而丰富，但其科学性和指导意义值得怀疑。如"你是否感情用事""男友恋爱心理隐患的判定"之类的文章，究竟是不是科学还有待考证。心理健康教育网站内容宁愿精而少，使浏览者能快速找到所需资料。在交流系统方面，教师与学生、学生与学生等双方或多方之间缺乏足够的交流，使网站的互动功能受到限制。因此，利用大数据背景下平台的方便快捷增强和学生的互动沟通，同时通过大数据桥梁把学生连接起来开展互助式的心理健康教

---

① 王晓娟. 积极心理学视角下关于贫困高校大学生心理教育的思考［J］. 当代教研论丛，2018（10）：101－102.

育活动，应该是大数据背景下心理健康教育落到实处的重要形式。很多心理健康教育网站均设立了网上心理咨询板块，有聊天室、留言板、论坛等形式，但使用率较低，原因可能和学生的知晓率低有关。同时，由于在资金、技术支持等方面得不到保证，当前心理健康教育网站未成为网络心理健康教育的主渠道。

（3）面对网络带给高职院校心理健康教育的挑战，疏离了大学生生活的现实和虚拟二重世界，网络心理健康教育简单化。

网络对心理健康教育内容、方式、方法的挑战包括：在网络时代，高职院校网络信息内容多元化的挑战；针对现实物理空间的心理健康教育工作，不能解决网上虚拟生存空间的问题；现实心理健康教育内容，不能满足网络条件下大学生的伦理、心理需求；心理健康教育方法以单向灌输式为主，与大学生网上活动的主体交互式产生冲突。目前，高职院校网络心理健康教育主要是针对大学生自身心理发展的疏导和干预，而疏离了大学生生活的现实和虚拟二重世界，缺乏对大学生可能生活的环境的构建，忽视对个体和群体生活现实和虚拟的环境的呈现与创设。因此，要解决大学生的心理问题，还应该考虑到如何改变影响其心理健康发展的周围环境和氛围，这包括创设出共同参与和支持的现实心理健康教育的家庭环境、学校环境和社会环境，更包括虚拟的网络社会环境。

网络心理健康教育简单化，主要表现为把网络看作心理健康教育的工具或手段，把网络心理健康教育理解为网上心理健康教育或虚拟空间的心理健康教育，简单地把现实心理健康教育直接搬到网上。这种做法，对网络空间的特点和大学生的心理需求缺乏应有的把握，容易出现泛化网络心理健康教育的倾向，简单化地处理大学生的心理困惑和心理疾病只会加重学生的心理问题或对心理健康缺乏信任。不少高职院校将对大学生网络心理健康教育简单地理解为解决网络成瘾学生的"心理问题"，只在大学生出现网络心理问题时"解决"问题，忽视对大学生网络心理问题的"预防"，这是不够的。

归根结底，目前我国高职院校网络心理健康教育的突出问题就是大学生对网络心理健康教育的需求与高职院校网络心理健康教育现状不能满足之间的矛盾。针对网络心理健康教育发展的这一内部矛盾问题，要保证高职院校心理健康教育工作的资金充足和硬件建设，在开展网络心理健康教育实践的同时，开展高职院校网络心理健康教育的理论研究，建设职业化的高职院校心理健康教育工作人员队伍，加强大学生心理健康状况的调研和统计工作，探讨和把握高职院校网络心理健康教育工作的特点、规律以及运作模式，开展高职院校网络心理健康教育的评估工作，最终构建起对实践具有强大指导作用的高职院校网络心理健康教育理论体系。

第三章
大数据背景下高职院校心理健康教育的目标、内容与实施

第一节　高职院校心理健康教育的目标

　　高职院校心理健康教育的目标是开展心理健康教育的指导和根据，是高职院校大学生心理健康教育效果的前提，也是高职院校心理健康教育效果的前提。[①] 心理健康教育的目标定位是高职院校心理健康教育最基本、最重要的理论和实践问题。

　　从理论上说，它直接决定心理健康教育的功能、内容、原则、途径、方法和评估等，是影响心理健康教育全局的灵魂；从实践上看，它决定着受教育者应该从心理健康教育中最终得到什么，形成什么样的素质，并最终成为什么样的人。[②] 因此，科学地构建大数据背景下高职院校心理健康目标对于规范我国目前正在实施的心理健康教育实践具有重要的意义。

---

　　① 罗尹伶，罗红安，钟燚，等. 高校大学生心理教育存在问题及发展 [J]. 保健文汇，2020 (10)：121－122.

　　② 于丹丹，赵海楠. 我国高校大学生心理教育的理论与方法探究 [J]. 产业与科技论坛，2020，19 (08)：115－116.

一、高职院校心理健康教育目标制定的依据

（一）心理健康教育目标的制定必须以人为本

心理健康教育是最人性化的一种教育，它关注人本身，不像其他学科关注自然或社会现象。所以，制定心理健康教育目标，必须从人性出发。人性是什么？根据马克思主义的观点，人的需要就是人的本性。马克思在《神圣家族》一文中指出，人"既非善也非恶，只是人"。他还指出："自由而自觉的活动是人的特征"，"人的需要是人的本性"。

那么，人类最基本的需求是什么？1891年，恩格斯首次从物质材料的角度讨论了社会主义社会中人的需要等级。他说，在一个新的社会制度下，"通过计划和进一步发展现有巨大的生产力、劳动条件，每个人都必须生活、享受信息、发展和表现所有身心需要的数据，将一视同仁，日益充分地以社会成员为主"。

可以看出，在马克思主义看来，人的本质是一个活生生的人，他具有自觉的主动性和欲望。人类的一切活动无非是为了满足生存、发展和享受的需要。因此，心理健康教育目标的制定必须考虑人的自觉能动性和人生的最大追求，并以人的切身利益为出发点。

从心理学意义上讲，一个人生活在这个世界上的最大追求可以概括为三个方面：一是和人的生存需要相对应的，即要解决好适应问题；二是和发展需要相对应的，即人要解决好发展问题；三是和享受需要相对应的，即人要解决好幸福生活的问题。概而言之，人生的最大追求就是心理上的适应、发展和幸福。

（二）心理健康教育目标的制定必须以教育为本

心理健康教育目标是教育目的的组成部分。教育目的具有整体性，需要分解为若干方面，心理健康教育目标是其中的一个方面，属于高职院校教育的一个组成部分，必须受高职院校教育目标、功能的制约，教育性是心理健康教育最基本的属性。

（1）从教育目的上说，现阶段我国的教育目的就是要实施素质教育，以提高全民素质为根本宗旨，以培养学生的创新精神和实践能力为重点，造就"有理想、有道德、有文化、有纪律"德智体美等全面发展的社会主义事业建设者和接班人。受教育目的的支配，心理健康教育目标就是要以培养受教育者的心理素质来为其整体素质的提高奠定基础，以促进人的心理发展来推动人的全面发展。心理健康教育的目标毫无疑问就是要为受教育者的素质提高和全面发展而服务。

（2）从教育功能上看，教育是一种有目的、有计划地促进人的全面发展，加速人的社会化的活动。作为一项活动，心理健康教育强调从心理层面对人进行塑造、促进和提高。因此，心理健康教育不仅要满足受教育者的心理适应、发展和学习生活，更应定位于受教育者的心理主动适应、积极发展和幸福生活。

（三）心理健康教育目标的制定要以人的心理为本

制定心理健康教育目标必须从人的心理出发。首先，心理是人脑的机能。人脑是特殊的物质，有其独特的活动规律，心理健康教育目标的制定应该考虑科学地遵循人脑活动的规律，开发人脑的潜能。其次，人的心理是对客观现实的能动反应。客观现实复杂多变，做到对复杂多变的客观现实的能动而积极地适应，应该是心理健康教育的应有之义。再次，人的心理是不断发展的，呈现出一定的阶段性，心理健康教育的目标就是要遵循心理发展的规律，促进其健康发展。最后，人的心理是多种心理成分（认知、情感、意志、个性等）交互作用而构成的有机系统，心理健康教育的目标就要使受教育者的心理元素优化并达到心理健康的标准。因此，心理健康教育目标要具体落实在各种心理成分的优化上。

二、心理健康教育目标体系

关于心理健康教育的目标，学界已经进行了不少有益的探索，已经出版的较为流行的心理健康教育教材或专著对此均有不同程度的论述。综观已有文献，目前心理健康教育目标根据不同方式可以分为不同类型，按目标的抽象性，可以分为总目标、一般目标或具体目标等；按目标的方向性分为纵维目标与横维目标，纵维目标即从心理发展的层次或不同水平的角度来考察，横维目标即从心理素质的结构（包括认知、情感、意志、个性等）层面来构建心理健康教育的目标。

（一）心理健康教育的总目标

总目标应能反映心理健康教育的基本精神，将心理健康教育和其他教育活动区分开来，因此心理健康教育总目标就是整个心理健康教育工作最终要实现的结果。既然心理健康教育属于教育的一种形式，其总目标必须为我国的教育服务。具体地说，心理健康教育的总目标就是优化全体受教育者的心理素质，促进受教育者心理健康发展，为实施素质教育、培养德智体美全面发展的人才奠定心理基础。其定位是：通过优化受教育者的心理素质和促进受教育者的心理健康发展而为教育目的服务。为心理健康教育制定这样的总目标不仅在理论上顺理成章，丰富了我国教育目标的体系和内涵，更重要的是，心理健康教育总目标的实现对实现整体教育目标有着不可低估的价值。

可以说，心理健康教育总目标是一种理论性和抽象性的目标，这样的总目标是心理健康教育航船的"灯塔"，在理论和抽象意义上规定着心理健康教育的总航向。但它必须转化为可操作性的目标才有实际意义。

（二）心理健康教育的一般目标

心理健康教育是现代文明人的一个重要标志，心理健康教育的根本目标就是要全面提高受教育者的心理素质。一般目标是对总目标的分解，反映总目标的构成。根据教育目标的有关分类法，对总目标可以作进一步的分解。

那么具体来说，心理健康教育包括如下三个一般目标：

首先，使受教育者形成健康的心理素质。具体到高职院校心理健康教育，就是要使大学生的人格得到和谐发展，帮助他们正确地对待自己、接纳自己，认识自己的内在潜力，充分发挥个人潜能。

其次，要维护他们的心理健康，减少和避免对他们心理健康的各种不利影响。具体来说，就是帮助他们确立符合自身发展的积极的生活目标，培养责任感、义务感和创新精神；学会认识环境，正确处理各种人际关系，更好、更快地适应生活、工作和学习环境。

最后，根据受教育者成长发展的需要和特点，采取多种形式和方法促进他们的心理健康，提高心理健康水平，使受教育者掌握社会规范，形成良好的道德品质、积极的人生观和价值观、积极的情绪情感、坚忍不拔的意志品质，养成良好的行为习惯，使他们适应学习生活，为适应未来的社会需要在能力上和心理上做好准备。

心理健康教育是每位教育工作者的任务，每项工作的开展都应符合心理健康教育的目标，为实现心理健康教育目标服务。

（三）心理健康教育的纵维目标

纵维目标即从心理发展的层次或不同水平的角度来考察。从上述心理健康教育的人的本性、教育性和心理性出发，我国心理健康教育的纵维目标可以表述为：使受教育者在心理上积极适应、主动发展和幸福生活。其中，心理上的积极适应是心育的基础性目标；心理上主动发展是心育的高级目标；而心理上的幸福生活是心育的终极目标。这样的表述贯穿了积极心理健康教育的理念，既体现了人性和教育的功能，又使得心育同其他诸育区别开来，从而揭示了心理健康教育的本质特征。

（1）积极适应。"人们想要满足自己的需要，达到既定的目的，就必须适应外在环境，与外在环境保持平衡。适应就是人们与环境发生调和作用的过程。"积极适应侧重积极满足人的生存需要，做到心理上对内外环境的协调和统一。心理上的积极适应，指人在适应环境和事物时，心理各构成要素（认知、情感、意志、个性等）均处于有意识的、肯定的、活跃的和进取的状态。它不仅要适应环境，而且要改造环境；不仅是一种人生态度，而且需要相应的本领或技能。例如，学生在学习心理上的积极适应，就表现为他在认知上是积极的，由"要我学"上升为"我要学"的境界，是一种对学习材料的积极感知、积极记忆、积极思考、积极想象和积极建构，是情感上乐意学、意志上志于学、个性上好学、技能上会学的状态。这样的适应不是靠本能，而是靠教育，尤其要靠心理健康教育才能实现。心理健康教育不同于高职院校其他诸育的根本之处就是全方位培养和主动建构学生积极适应各种环境变化的心理品质。

外界环境（包括自然环境和社会环境）处在不断变化之中，特别是在改革开放的今天，人们为了能生存生活或生存生活得更好，就必须善于适应多种多样的变化，特别是社会的急剧变化。事实上，当前大学生诸多心理问题的发生常常和不能积极适应环境变化有关。因此，将心理上的积极适应作为心理健康教育目标具有时代意义。

（2）主动发展。所谓主动发展就是在积极适应的基础上，充分发挥个体的主观能动性，对心理潜能主动开发、对心理素质主动优化，从而使人的心理得到更快更好的发展。主动发展的含义包括：发展需要充分调动个体的主体意识，需要主体自觉积极地参与；发展是有目的、有计划的，对发展结果的憧憬往往是发展的诱因之一；发展是对心理潜能的主动开发，往往需要克服心理惰性和惯性，调动人的意志品质和积极个性品质参与才能完成；由于主动意识的参与，主动发展是比被动发展更快的发展。心理健康教育的重要目标之一就是要培养人的这种主动性，使受教育者无论接受什么样的学科教育、参与什么样的学科活动，都伴随着主体意识，做到主动发展。

发展才是硬道理，这句话同样适用于心理健康教育。没有心理上的主动发展，一个人终将平庸一生，碌碌无为，更谈不上做出成就和自我实现。因此，将主动发展作为心理健康教育的目标之一，有利于尽早尽快地为社会主义建设培养更多的高素质人才。

（3）幸福生活。这个心理健康教育目标同马克思所说的人的享受需要密切相关。这不同于物质上的幸福生活，这里的幸福是指主观感觉上的幸福，或称主观幸福感。因此，"幸福生活"展开来说就是"在主观上感觉幸福地活着或从事为生存和发展而进行的各种活动"。这个命题本身就体现了主观和客观的统一，体现了主观对客观的意识能动性。如果生活是幸福的，主观上意识到了这种幸福，他就会感到幸福，如果意识不到，就不会感到幸福；如果生活是不幸的，他意识到了可能会产生两种情况：若他是悲观型解释风格，就会感到不幸和痛苦；若他是乐观型解释风格，就会尽量减少不幸或痛苦感，甚至笑对人生的不幸，在不幸中看到发展的机会。一个人能否幸福地生活，体现着他的综合心理素质，是一个人心理健康与否的最终体现，也是一个人心理健康的最高境界。著名心理学家维克多·弗兰克的故事深刻诠释了什么是心理上的幸福生活。"二战"期间，他的父母、妻子、兄弟都死于纳粹魔掌，他本人也在集中营受到严刑拷打。有一天，他赤身独处囚室之中，突然有了一种全新的感受。他猛然觉醒："即使是在极端恶劣的环境里，人们也会拥有一种最后的自由，那就是选择自己态度的自由。"正是凭着积极乐观的思维方式，弗兰克在监狱中自觉磨炼意志，让自己的心灵超越了牢笼的禁锢，在自由的天地里任意驰骋。他发明了"积极主动"（proactive）的概念，提出了积极主动的心理学思想。这里，我们不难发现，弗兰克在肉体上是备受折磨的，物质和环境生活是极端不幸的，但由于他积极主动地进行调节，他的心里是幸福的。由此可见，这样的幸福生活是需要教育的。区分幸福需要认识，需要感受和体验，还需要追求与创造。所谓幸福教育就是要教育学生善于调节生活，能够以欣赏的态度对待学习、工作和他人，并从中得到享受和乐趣，使其能够正确地认识幸福，培养正确的幸福观，增强感受幸福的素质和体验，培养学生创造幸福的能力。

（四）心理健康教育的横维目标

心理健康教育的横维目标是上述纵维目标的具体化。从心理健康的横维结构上看，心理健康教育的纵维目标可以分别在认知、情感、意志、个性、人际关系等方面得到实施，而且每个方面又可以用纵维目标来作出不同的要求，这是心理健康教育目标心理化的具体表现。

1. 高职院校心理健康教育的认知目标

认知是心理学中的一个普通术语，它包括各种认识形式，如感知、记忆、想象、思维等。通常人们把它当作构成人心理过程的一个方面，即简称"知"，与"情""意"相提并论。

（1）认知的积极适应目标。在认知上，要避免观察的盲目性、片面性，做到观察的目的性和全面性；避免记忆的模糊性、无序性，做到记忆的精确性和有序性；避免想象的被动性、单调性，做到想象上的主动性和丰富性；避免思维上的定式或刻板，做到思维的灵活与机动；避免注意力不集中、精力分散，做到注意力集中、精力旺盛。对于大学生来说，积极适应的认知品质主要体现为积极认真的学习态度，掌握高效学习的认知策略和方法。

（2）认知的主动发展目标。在认知方面，不仅要求达到积极适应，还应该使受教育者开发智力和创造力，帮助受教育者不断提高和挖掘自己积极的认知品质，改善自己的注意力、观察力、记忆力、想象力、思维力和创造力，增进自我效能感；积极认识人与人之间的智力差异，使受教育者了解、认识自己的优势智力，并鼓励、支持受教育者充分发展自己的优势智力，寻找适合自己的发展方向、发展途径和发展领域。

（3）认知的幸福生活目标。使大学生发现美、欣赏美、创造美，正确认识幸福，具备感受幸福的素质，培养大学生感受和创造幸福的能力；使大学生以学为乐，欣赏学习过程，享受教育乐趣，培养"游于艺"、乐而知之的境界。

2. 高职院校心理健康教育的情感目标

情感是人对于客观现实态度的体验，情感教育是以培养大学生积极成熟的情绪和情感为主要目的的教育。对受教育者个体而言，一方面，认知和情感的发展是紧密相关的；另一方面，情感教育能促进大学生的心理健康，使其潜力得以充分发挥；情感教育既能通过培养大学生的情绪、情感的控制能力来预测心理和行为问题，也能成为矫治大学生心理和行为问题的突破口。因此，作为高职院校心理健康教育的重要成分，情感教育的目标主要包括培养受教育者的社会性情感品质和增强其情感调控能力。情感目标根据纵维目标做出不同要求，具体表现在：

（1）情感的积极适应目标。在情绪上，要避免冷漠、冲动、紧张、焦虑、抑郁、嫉妒、喜怒无常等不良情绪，做好情绪认知和情绪识别、情绪表达和情绪理解；学会情绪主导和情绪平衡、情绪控制和情绪宣泄、情感发展和情感培养。

（2）情感的主动发展目标。培养受教育者爱祖国、爱集体、爱人民的高级社会情感，培养对人的关爱、情爱、友爱等；培养爱科学、爱知识、爱真理等求知情感；培养爱岗敬业的职业情感；注重义务感、责任感、成就感和荣誉感的培养；关注人的美感、愉快感与幸福感的培养；强化受教育者的情绪智力和情商培养，帮助受教育者形成对情绪的主动控制和调节。

（3）情感的幸福生活目标。侧重增进大学生的主观幸福感，提高生活满意度，促进大学生的沉浸体验，即"投入一种活动中去而完全不受其他干扰的影响，这种体验是如此地让人高兴，使人可以不计较任何代价与付出，人们完全出于对事物本身的兴趣而做它"。

3. 高职院校心理健康教育的意志目标

意志是自觉地确定目的，根据目的支配、调节行为，从而实现预定目的的心理过程。培养良好的意志品质，是高职院校心理健康教育的重要目标。高职院校心理健康教育的意志目标是帮助高职院校大学生提高承受挫折的能力，培养良好的意志品质。

（1）意志的积极适应目标。在意志上，要避免易受暗示性和武断性、优柔寡断和草率决定、动摇性和执拗性、易冲动和感情用事，实现意志的独立性、果敢性、坚毅性和自制性。

（2）意志的主动发展目标。培养高职院校大学生学会主动制订活动计划，做到在活动中既能尊重事物的客观规律，又能虚心听取别人合理的建议，为了实现合理的目的，能主动自觉地遵守纪律，克服困难，努力提高挫折忍受力和恢复力。

（3）意志的幸福生活目标。培养高职院校大学生坚持不懈地发展正当爱好和追求正当幸福，体验奋斗之乐。

4. 高职院校心理健康教育的个性目标

"人格"这个词源自拉丁语"persona"，意思是希腊和罗马时期的一个戏剧表演者在台上表演的一种面具。直到今天，心理学家一直坚持认为，人们在生活中所起作用的种种行动与精神活动都是人格的体现。高职院校心理健康教育的个性目标可以概括为促进社会适应和完善个性品质。具体表现为：

（1）个性的积极适应目标。在个性上，要避免孤僻离群、粗鲁狂妄、畏缩自卑、自由散漫、逃避责任等不良个性品质，培养高职院校大学生自主、自信、自制、自立、自强、负责、利他、真诚等优良个性品质。

（2）个性的主动发展目标。着重培养高职院校大学生乐观的个性品质；树立自尊和自信，完善积极人格，挖掘人格中的积极力量。具体说来，人格中的积极力量包括对世界的好奇和兴趣、爱学习、创造性、判断力、批判性思维和开放性思维等。

（3）个性的幸福生活目标。培养乐观豁达的积极人格。在休闲生活方面，积极主动地寻找并享受各种健康有益的活动。

5. 高职院校心理健康教育的人际关系目标

除了用以上四种心理结构的成分来阐述心理健康教育的横维目标外，我们还应该注意受教育者的人际关系的培养，这也是高职院校心理健康教育的一个重要组成部分。人际关系是人与人之间因沟通而建立的一种心理关系。它反映了个体或群体寻求其社会需求满足的心理状态，表现了人们在相互交流过程中关系的深度、亲密度、和谐性和协调性等心理方面联系的程度。人际关系质量在大学生心理健康中起着重要作用，大学生处理各种人际关系的能力直接反映其心理健康水平。因此，与人际关系相关的心理健康教育显得非常重要。

（1）人际关系的积极适应目标。在人际关系上，要避免恐惧、敌意等心理，做到善于交往，在交往中保持独立，不卑不亢，尊重、信任、宽容、理解他人，能在集体中与人和谐相处。

（2）人际关系的主动发展目标。培养大学生主动建立和谐的人际关系的意识和能力，使大学生能够积极主动地交往、沟通并积极有效地处理沟通交往中的心理障碍，积极主动地培养和谐的亲子关系、师生关系和同学关系等。

（3）人际关系的幸福生活目标。使受教育者因善于利用人脉资源而自得其乐。

最后，应该指出的是，心理健康教育目标是一个概括化程度很高的集合概念，其内涵应该是一个完整的体系。本书是从宏观的角度来论述的心理健康教育目标定位，微观上的心理健康教育目标，诸如各级各类高职院校的心理健康教育目标、不同年龄段的心理健康教育目标、具体心理健康教育课程目标和教学目标等均属于心理健康教育目标体系的范畴。微观上的心理健康教育目标只有和宏观上的心理健康教育目标相结合并接受后者的指导才能坚持正确的方向，真正发挥心理健康教育目标的指向功能。

第二节　高职院校心理健康教育的内容

我们将心理健康教育的纵维目标界定为积极适应、主动发展和幸福生活，心理健康教育的内容是为目标服务并受目标制约的。因此，本书将大数据背景下心理健康教育的内容概括为三大方面：积极适应型心理健康教育、主动发展型心理健康教育和幸福生活型心理健康教育。

一、积极适应型心理健康教育

（一）学习上的积极适应

按照积极心理健康教育的观点，学习上的积极适应最重要的是要提升学生的学习力。学习力（狭义称学习能力）最初源于美国系统动力学创始人佛睿斯1965年提出的学习型组织思想。自学习力概念提出以来，学者们对学习力的构成要素形成了不同的认识，主流的观点认为学习力可以分为组织学习力和个人学习力。

就个人学习力来说，人们一般倾向于认为学习力就是一个人的学习动力、学习毅力、学习能力的总和。还有一种观点与此大同小异，认为学习力就是团队或个人的知识获取动力（学习动力）、知识获取能力（学习能力）、知识内化能力（知识吸收）、知识外化能力（知识运用）的总和。它实际上是人们吸收知识和使用知识并改变其工作和生活状态的能力。学习能力主要包括知识获取能力、知识内化能力和知识外化能力。知识获取的动力是学习动力，学习动力来源于人的学习动机。知识获取能力是成功完成学习活动所必需的心理特征。它反映了人们完成学习任务的可能性，表现为有效的学习方法、良好的学习习惯和学习效率。

知识内化能力即人们对知识记忆、吸收、思考、消化的可能性。知识外化是指人在特定的环境下，通过对知识的应用、复制和创新来实现知识的灵活应用，从而实现知识的价值和创新。

学习力是学习动力、毅力、学习能力和学习创新能力的综合体现。

（二）人际关系的积极适应

人际关系是人们为了某种需要，通过交往形成的人与人之间相对稳定的心理上的关系，主要表现为心理上的远近、亲疏和厚薄。所谓人际关系的积极适应，即积极主动，乐于、善于建立并维持和谐的人际关系。作为高职院校大学生来说，就是要做到对师生关系、亲子关系、同伴关系和异性关系均能够良好地适应。

职业学校的学生要主动进行人际关系调整，需要接受人际关系的教育和辅导，即人际交往教育。人际交往教育是指利用有关心理健康教育的理论和技术，指导高职院校本科生的人际交往课程和人际交往活动，通过这种方式，可以有效地改善高职高专毕业生的人际交往与社交适应性，消除交际壁垒，改善其交际品质，从而使其个性发育与成熟。高职院校大学生的社会交往和人际关系对他们的成长至关重要，人际关系的好坏对其心理健康有重要作用，他们处理各种人际关系的能力直接体现了其心理健康水平。因此，与人际关系有关的心理健康教育就显得非常重要。人际关系中的种种不协调现象，往往会使高职院校大学生产生偏激行为，不仅影响学习，人际关系的障碍还会导致心理健康问题。因此，高职院校心理健康教育要教授学生人际交往的技巧和能力，使他们学会交往、合作，懂得尊重、理解、信任和宽容别人，增强人际协调能力，减少人际冲突，促进人际和谐。

从心理健康的角度来看，人际关系包含四种成分：个性成分、认知成分、情感成分和行为成分。据此，人际关系的辅导和教育的内容也要紧扣这四个方面来进行①。

（1）在个性成分方面，要加强个性修养。一般来说，个性上正直诚实、豁达大度、谦和热情的人，人际关系较为融洽；反之，虚伪滑头、心胸狭隘、猜忌多疑的人，不容易搞好人际关系。因此，加强人际关系方面的个性修养，对于搞好人际关系至关重要。

（2）在认知成分方面，要使高职院校大学生掌握有关知识、调整认知结构和克服人际偏见。首先，要使高职院校大学生掌握有关人际交往的知识。其次，要善于调整认知结构。最后，要克服人际偏见。

（3）在情感成分方面，要主动、亲切、热情。做到真诚地关心他人，要尊敬师长、爱护同学、热情助人；对人冷漠的人不可能有良好的人际关系。

（4）在行为成分方面，一要学会交往技能。比如聆听的技巧：耐心聆听、虚心聆听、会心聆听；谈话的技巧：选择话题、讲究对话、转移话题等；言语交往技巧：服饰技巧、目光技巧、体势技巧、声调技巧、距离技巧等。二要学会调适策略，要指导高职院校大学生学会调适人际交往中出现的种种心理问题。

（三）应考、就业的积极适应

考试是教学评价的方法之一。作为检查学生基本知识、基本技能掌握情况和能力形成情况的一种手段，考试是教学过程的重要组成部分。对教育管理部门来说，考试是评估教学质量、检查教学效果和考核教师业绩的

---

① 李保平. 高校大学生心理教育与团体心理辅导分析［J］. 科学咨询（科技·管理），2018（12）：12.

重要依据；对教师来说，考试是获得教学反馈信息、了解学生学习情况和检验教育教学效果，以便更好地总结教学经验和改进教学工作的有效方法；对学生来说，考试是了解和检验自己的学习状况，明确努力方向、调整学习计划及激励进取精神的必要手段。

应考的积极适应就是要正本清源，恢复考试的本来功能，使学生正确对待考试，以坦然的心态对待考试。然而，要真正做到，绝非易事。许多学生在面临考试，特别是和升学、择业密切相关的重大考试时，常会出现一些诸如焦虑、恐惧一类的应试心理问题。正因为这样，做好应试心理指导，也是高职院校心理健康教育不容忽视的内容。应试心理指导的内容颇多，但至少应包括：考前复习心理指导、克服考试焦虑的心理指导、应考方法心理指导、考试后归因指导（内因或者外因）、应试期的身心保健（复习阶段的身心保健、考试时的身心调节和考试矛盾的身心保健）等。

二、主动发展型心理健康教育

建构主义认为，学生的积极心理素质是可以主动构建的。充分发挥学生的主观能动性，培养学生积极的心理素质是心理健康教育的重要内容之一。这既是心理健康教育发展目标的要求，也是心理健康教育追求的最高要求。主动发展型心理健康教育主要包括以下内容：

（一）主动建构积极的认知品质

所谓主动建构积极的认知品质就是要树立建构主义的理念，积极主动地培养高职院校大学生感知、记忆、思维、想象等方面优良的心理品质。研究发现，人有多种智力，如语言智力、数学逻辑智力、音乐智力、空间智力、运动智力、人际智力、自知智力、自然认知智力等，承认人与人之间的智力差异是一种勇气，更是一种科学的态度。一方面，从积极方面认识人与人之间的智力差异，认识不同的人有不同的优势智力，主张"扬长"。另一方面，建构积极的认知品质，即重视一般智力的开发与培养，帮助人不断提高自己的注意力、观察力、记忆力、想象力和思维的创造力，更注重人固有的智力优势，在帮助人了解、认识自己的优势智力的前提下，鼓励、支持人充分发展自己的优势智力，寻找适合自己的发展方向、发展途径和发展领域。

（二）主动建构积极的情绪或情感品质

1. 积极情绪或情感的基本内涵

正向心理研究中的一个重要方面就是积极的情感经验。正面情感经验是从主体经验层面研究人类的幸福感、满足感、对未来的乐观心态、对人生的忠贞，以及对健康的正面情感和对健康的影响。

积极情绪是人们进行正向的、积极的行为和内心活动时的情绪状态。个体积极情绪水平不仅是心理健康的体现，而且对心理健康发挥着重要的维护和改善作用。人的情绪或情感涉及生活的各个方面，相应的教育内容是丰富多彩的。诸如培养人的爱憎情感，包括个人与社会间的爱祖国、爱集体、爱人民等；个人与他人之间的关爱、情爱、友爱等；个人与求知间的爱科学、爱知识、爱真理等；个人与事业间的爱职业、爱事业、爱劳动、爱岗位；注重义务感、责任感、成就感和荣誉感的培养，使人能够正确处理个人与社会、个人与他人的关系；培养人的美感、愉悦感和幸福感。通过对美的、愉悦的、幸福的培养和滋养，人们不仅可以感受到生活的味道，而且可以把握生活的意义；重视情商的培养，帮助人们形成情感、感知、评价和表达能力，识别和分析情绪成因的能力，理解复杂情绪的能力，有效调节情绪的能力等。

2. 积极情绪的主要功能

虽然对于积极情绪这个概念的确切含义目前学术界还没有取得一致的看法，学术界对和学生的学习关系密切的情绪——学业情绪的功能有不少研究，取得了一些共识。

（1）正面的学业情绪能发展认知。最初的观点认为，负面情绪会影响一个人的注意力，进而影响一个人的认知程度。然而，最近一些学者在实证研究中发现，正面的情绪也会产生作用。根据学习任务的相关性，研究者将情绪分为外在情绪和内在情绪。外在情绪是指与任务情境、他人或个人自身相关的情绪；内在情绪是指与任务本身性质和任务处理过程有关的情绪。

（2）积极的学业情绪对调节自我情绪是有帮助的。自主学习是指个体用灵活的方式对自己的学习进行规划、监督和评价。它不仅是一种良好的学习能力，而且是一种有用的学习方法，可以提高学生的学习效率，从而提高他们的学习成绩。以往研究表明，学业情绪会影响自我调节学习的多种认知机制和激励机制。

（3）积极的学习情绪是一种有效的学习策略。实践证明，具有积极的学业情绪在实用学习策略的时候可以更加灵活和富有创造性，而消极的学业情绪则会产生负面的影响，但影响小而弱。高情绪比低情绪的影响更大，负面的学业情绪与死板的复述策略是呈负相关的。

（4）积极的情绪可以提高抗压能力。比其他人更有可能拥有积极情绪的人被称为有韧性的人。有韧性的人可以快速有效地从压力和负面情绪体验中恢复过来，并灵活地适应他们的环境，像弹性金属一样伸展和弯曲，但不会损坏它。我们发现高复原力的个体在具有压力任务之前和期间具有更多的积极情绪，如快乐和兴趣。

（三）主动建构积极的意志品质

所谓主动建构积极的意志品质，一要注意培养意志的自觉性，力求使自己的行动具有合理的目的和高尚的社会价值，在活动中既能尊重事物的客观规律，又能虚心听取别人合理的建议，为了实现合理的目的，能自觉地遵守纪律。二要培养意志的独立性，善于独立思考，坚持真理，充满自信。三要培养意志的果断性，在生活和社会活动中善于观察事物的发展变化，掌握信息材料，通过分析比较，去伪存真，明辨是非，迅速而坚决地作出决定，停止或改变已经执行的决定。四要注重锻炼毅力，长期持之以恒地读书、工作，无论遇到什么困难都不泄气，以坚忍不拔的意志坚持到底。五要注重自控的意志力，能够战胜自己的焦虑、羞涩、恐惧等情绪的冲击或干扰，以及疲劳、负担过重、知识和能力的欠缺，即使遇到失败和挫折，也能忍受各种痛苦和折磨，冷静地分析挫折原因并坚强地对待挫折。

（四）主动建构积极的个性品质

心理学中的个性概念与日常生活中所讲的"个性"有所不同。在日常生活中，人们往往认为一个"倔强""要强""坦率""固执"的人很有个性，而"文雅""平和""斯文""柔弱"的人没有个性。这种看法是不对的，至少是不全面的。其实，在心理学上，这正是两种人所分别具有的两组不同的个性，它们都是在一定的遗传的基础上，经过后天不同的生活和实践的磨炼而形成的带有倾向性的个体心理特征，是一个人区别于其他人的精神面貌或者心理特征。然而，由于前者个性特征比较鲜明、独特，而后者比较平淡而不鲜明，往往不容易给人留下深刻的印象。由此可见，不管是哪一种倾向性的个性特征，不管这种特征是鲜明的还是平淡的，它都表明了一种个性。心理特征人人都有，精神面貌人人不可缺少，从这种意义上来说，世界上不存在没有个性的人。

个性对于一个人的活动、生活具有直接的影响，对于一个人的命运、前途有直接的作用，对于一个人的心理健康至关重要。良好的个性既是心理健康的核心内容，又是心理健康的重要标志。

三、幸福生活型心理健康教育

幸福是很主观的，不同的人对幸福有不同的理解，很难对幸福下一个清晰的定义。目前，大多数心理学家从人类精神的主观层面来研究幸福的概念，并将这种幸福感称为主观幸福感（Subjective Well-Being，简称 SWB）。人们普遍认为，幸福与多种心理因素有关，包括与幸福相关的情绪、需求、感知和行为。幸福是人类的追求，古今中外思想家从不同角度研究幸福，提出了多种幸福观。

我们这里所说的幸福生活型心理健康教育是指运用心理学的理论和方法，对个人学习和工作之外的生活，诸如休闲、娱乐、消费、健康、日常生活和社会时尚等进行指导和教育，通过培养个体健康的生活情趣、乐观向上的生活态度和良好的行为习惯，帮助个体感知、体验和创造幸福生活，学会享受生活，提高生活质量，增强个体的主观幸福感，以促进学习和工作效率的提高以及个性的健康发展。幸福生活型心理健康教育包括的内容和层面很多，我们侧重从以下三个方面进行阐述。

（一）休闲幸福教育

休闲活动是人们生活中不可或缺的重要组成部分，是人的社会化的重要组成部分，对人的素质培养、人格和价值观的形成及心理健康都有不可忽视的影响。休闲幸福教育就是指运用有关心理健康教育的理论和技术，帮助确立正确的休闲观念和态度，获得必备的休闲知识和技能，学会选择安排有益的休闲活动方式，从而使自己获得充实丰富的休闲生活，以提升生活品质，增强主观幸福感的教育。

就高职院校来说，休闲幸福教育的内容要从以下四个方面入手：

（1）培养树立正确的休闲意识和科学休闲观。正确的休闲意识是搞好休闲教育的前提。休闲教育的重点在于让人意识到休闲是生活中的重要组成部分，是个人提升生活质量的整体活动，帮助学生明确自我休闲意识的意义以及正确理解工作、学习及休闲之间的辩证关系。

休闲的本质是自由。如果休闲时间能够得到合理利用，休闲就能进一步丰富人的生活，促进人的发展和社会进步。反之，如果不合理地利用业余活动，不仅会对身心造成伤害，还会影响到家人的生活质量，影响到他们的工作积极性。职业学校学生在进行闲暇生活方式的选择时，要正确地选取适合自身价值与社会性价值观的休闲方式，才能使其真正地达到积极的推动效果。

（2）适当开设休闲方面的选修课、讲座。高职院校应充分利用休闲时间适当开设一些选修课，如文学艺术、人格修养、历史、哲学、心理学等，结合日前高职院校所关注的问题和思想上出现的主要问题，结合高职院校和社会各界的有关问题，开展有针对性的学术报告会。职业技术学院的学生应从职业技能和业余爱好入手，通过对其进行培训，有效地运用目前和未来的业余活动。同时，还可举办各种知识技能培训班，如计算机培训班、英语培训班、公关礼仪培训班、书法美术班、健康歌舞培训班等，既能丰富高职院校大学生的休闲内容，又让其多学一门技能，也有利于养成良好的休闲习惯，在健康的休闲中发展自我、实现自我，促进身心健康。

（3）社团组织开展丰富多彩的校园活动。高职院校大学生社团在校学工部、团委的指导协调下，借助校园文化设施和文化活动载体，充分利用社会文化设施与大众传媒，开展健康、高雅、丰富多彩的学术文化活动，社会性的活动、实践和其他的活动。例如，组织学术型、科技型、公益型社团；开展社会实践活动，丰富高职学生的业余活动，为他们提供一个展现自己的青春和个性的平台，以提高他们的综合能力和锻炼能力；提升职业学校休闲活动的层次与能力，有利于职业学校的学生身心发展。

（4）进行社会实践活动。利用休闲时间组织高职院校大学生参加社会实践，在老师指导下，高职院校大学生深入实际，了解社会，认识国情，既可动脑，又可动手，能使高职院校大学生开阔视野，增长才干，提高觉悟，转变思想。如参加支农劳动、支教活动、社会公益活动等，通过这些社会实践活动，高职院校大学生能在良好的社会舆论中看到自身的价值，使高职院校大学生在帮助他人的过程中感受到快乐，对培养他们积极向上的人生观和自信心有很大的作用。

（二）幸福能力培养

费尔巴哈相信，一切的寻求，或者说，一切的健康，都是在寻求快乐。在现实中，人人都向往并追逐着快乐，但是，寻求快乐并不意味着快乐。快乐是一种力量，不管是得到快乐或感到快乐，它都是一种天赋，而这种天赋并非与生俱来；是通过后天的训练和教育而逐渐养成的。幸福的心理健康教育工作的重点在于使学生了解快乐、感受快乐和创造快乐。

1. 个体理解幸福的能力及其培养

了解快乐的力量在于拥有一种对幸福的看法，并能够持续地丰富对快乐的真正含义。每个人对快乐的认识都不尽相同，同一人在时间、地点等方面也会有不同的感受。由于人们的经济地位、生活经历、文化背景、思想倾向、个性品质、身体状况等的不同，所形成和持有的幸福观也不相同，对幸福的内涵有着各不相同的理解和体会。

目前，我国正处于急剧的社会转型时期，各种享乐主义、拜金主义、利己主义等腐朽消极的思想给高职院校大学生的思想观念、道德意识带来了前所未有的冲击，一些高职院校大学生在社会不良风气的熏染下，其思想和行为逐渐发生了扭曲和异化，以追求所谓的"洋""奇""奢"为幸福。有些家境富裕的高职院校大学生把物质的满足当作幸福，盲目地甚至病态地追求物质生活的享受，如吃饭去高级酒店，穿戴追求时尚和名牌，同学过生日要花费上万元等，诸如此类的现象不胜枚举。有的高职院校大学生甚至把一些格调低下的艺术作品、腐朽的生活方式、庸俗的娱乐方式当作时髦去追求，以满足浅薄的感官需求。这种物质至上的消费观念、追求感官的享乐冲动，必然会导致高职院校大学生精神家园的荒芜，以致把自己的心灵放逐到唯利是图的荒水野境。他们不懂得什么叫真正的幸福，应该追求什么样的幸福，要让他们摒弃关于幸福的错误认识，就要在幸福教育中培养其理解幸福的能力。

2. 个体感受幸福的能力及其培养

感受幸福就是能够发现幸福，感觉到值得珍视与回味的东西，体验和品味到快乐、惬意、宽慰，产生各种各样舒适的感觉。面对同样的一件事或相同的境遇，有的人感到很幸福，有的人感觉很平淡，有的人甚至会感觉到不幸福。之所以会有不同的感受，除了受到不同的个体身心发展的特殊性以及不同的人生观和人生阅历影响等原因之外，还有一个重要的原因，就是人们感受幸福的能力不同。

当今，虽然很多高职院校大学生拥有了优越的生活条件和良好的学习环境，但一些高职院校大学生却对人生的方向和生活的意义缺乏认知，以至于产生消极悲观的情绪，甚至产生较为严重的心理障碍。这种身在福中不知福的现象，原因可能是多方面的，但其感受幸福的能力差也是一个重要的方面。

3. 个体创造幸福的能力及其培养

每个人都可以为自己创造幸福。就像建房子一样，创造力是人本性的一种表现，有了创造力人们会感觉自己是自由、幸福和快乐的。人类的幸福不是天生就存在的，而是一种现实的创造性活动。

（三）享受教育：把学习和工作当作一种享受

享受可分为消极享受和积极享受。一味吃喝玩乐甚至玩物丧志的享受是消极享受；注意挖掘学习、人际关系和工作中的享受资源，以适当的娱乐来调节身心，或将学习和工作本身作为享受，这样的享受是积极享受。享受教育旨在克服消极享受，提倡和培养积极享受。

享受教育和艰苦奋斗教育不仅毫不冲突，而且相辅相成，相得益彰，是对立的统一。相对于艰苦奋斗来说，休息、吃喝、娱乐或消遣是享受，没有这样的享受来再生或恢复精力，艰苦奋斗也就成了空话。我国成语中的"劳逸结合""文武之道，一张一弛"，以及西方谚语"只工作不玩耍，聪明的杰克也变傻"等，讲的都是这样的道理。反之，相对于享受来说，勤奋学习、刻苦努力、殚精竭虑、日夜奋战是艰苦奋斗，没有这样的艰苦奋斗过程及其结果，就不会有奋斗的乐趣和奋斗成功所带来的精神享受。

享受教育和目前有些高职院校已经开展的挫折教育从表面上看是对立的，实际上二者并行不悖，殊途同归。挫折教育是教育高职院校大学生正确对待挫折，提高挫折容忍力，进而提高高职院校大学生意志品质的一种心理教育。它一般是针对那些面对挫折和不幸已经产生了消极情绪的高职院校大学生而定的，是一种补救性教育，重在预防心理疾病。而享受教育是一种提高高职院校大学生的情绪指数，使其情绪"锦上添花"的教育，属于发展性教育，重在优化心理素质。两种教育的目的都是促进高职院校大学生的心理健康。

第三节　大数据背景下高职院校心理健康教育的实施

一、高职院校心理健康教育的模式

（一）我国心理健康教育模式的探索

目前，就全国而言，还没有形成一套可以广泛借鉴的模式。为了满足心理健康教育实践的迫切需要，教育学、心理学工作者提出了一些心理健康教育模式的设想，一些地方也在实践中摸索出了富有特色的模式，可作为开展心理健康教育工作的参考。下文主要结合俞国良的研究，对我国心理健康教育的模式进行大体概括。

首先，从心理健康教育作为一种活动本身所采取的手段来看，目前我国高职院校的心理健康教育的模式主要有以下四种：

1. 课程或专题讲座模式

我国高职院校大多数已经开设了心理健康教育课程。高职院校心理健康教育是一门选修课。在当前社会环境下，一些专家建议将心理健康教育作为高职院校的公共课程。还有许多高职院校开设心理健康专题课程的同时会定期举办心理健康教育专题讲座。心理健康教育专题讲座是高职院校大学生普遍接受的一种形式，[①] 每次讲座都可以根据受教育者和教育工作的需要进行。

如升学考试前举办"怎样克服考试焦虑"讲座，新生进校后举办"如何适应新环境""异性交往的技巧"讲座，毕业前举办有关"就业和求职心理"等专题讲座。这些讲座的内容都是高职院校大学生最关心的问题，受

---

① 徐丽娜. 当代高校大学生心理健康教育的现状及应对策略 [J]. 农家参谋，2019（24）：231 + 247.

到他们的欢迎。

2. 辅导模式

在心理健康教育中，辅导模式是经常采用的一种形式，包括学习指导、升学指导、就业指导等不同内容。它包括如何安排学习内容、对学习方法进行辅导、学习成绩的评估及反馈等，其中学习策略和学习方法的指导是高职院校大学生最需要的。还可以通过心理测量、建立心理档案等手段，对学生个体的能力、性格、家庭背景、经历、身体素质等进行综合考察，为他们将来的发展提供指导和帮助。辅导模式也可以分成两种模式，一种是学生的自身发展模式，另一种是社会对学生的影响模式。前者的重点是关注高职院校大学生心理健康教育，在进行心理健康教育时不能盲目进行，要根据高职院校大学生心理发展的规律，针对高职院校大学生所处的不同年龄段、不同的学习以及自身发展的阶段，积极稳妥地解决个体差异的问题，有效发挥高职院校大学生心理潜能和人格和谐发展。后者的重点是教师应该传授给学生社会心理学的原理以及人际沟通的技巧，注意社会文化背景、社会角色、性别差异、价值观、民族习俗、人格倾向等因素对学生的影响，以及高职院校、家庭、社区等社会环境对教育效果的影响，以便更好地达到心理健康教育的效果。

3. 咨询模式

定期开展心理咨询是心理健康教育的一种有效手段，能及时解决心理和行为问题，为教育者和干预措施的制定提供参考意见。心理咨询是通过心理疏导的程序和方法，使人们，特别是精神障碍患者，对自己和所处的环境有正确的认识，从而改变自己的态度和行为，并具有良好的适应环境的能力。受咨询者包括遇到心理问题的正常人和有心理障碍者。在经济发达的国家和地区，绝大多数高职院校、社区都配备专职或兼职的心理咨询人员，定期开展心理咨询和心理治疗活动。

4. 治疗模式

治疗模式指辅导员站在医学的立场上，对心理异常的教育对象给予严格的心理诊断和耐心的心理治疗，并注意发挥他们在治疗过程中的积极作用，减轻心理压力和精神痛苦，使他们的心理功能得到恢复和协调。治疗模式的理论来源很广，主要还是受精神分析、行为主义和人本主义心理学的影响。弗洛伊德的精神分析学说为治疗模式奠定了最初的理论来源。他的潜意识理论，关于本我、自我、超我的人格结构理论，关于心理防御机制类别和作用的探究，关于早期内在心理冲突对人的影响的分析，以及他发明的各种治疗技术，如自由联想、释梦等，对于治疗模式的发展具有重要的理论价值和实用价值。这一系列行为治疗方法奠定了治疗模式的方法和技术基础，尤其为矫治心理异常者的当前表现和症状开辟了一条新的道路。

（二）国外心理健康教育模式的探索

1. 国外现行的心理健康教育模式

（1）发展性辅导模式。该模式强调在学生生活的所有方面，如职业、教育、个人和社会方面的经验，向他们提供援助，有利于促进个人成长，并指出这是一个过程，该过程是不断发展的。这一概念认为，长期增长比短期理解更重要，更倾向于描述性解释而不是缺少结论性的判断。发展性辅导是通过学生自我对周围环境、对个人与环境的关系、对个人价值和社会价值等的了解，以培养更有效率的个人。

（2）心理教育模式。这个观念在 20 世纪 80 年代盛行于美国教育界。倡议者提出了一个计划，包括一系列课程，课程关注人类生命周期的不同阶段，从婴儿、青少年到老年，让学生了解自己的发展，根据自身情况开展心理教育。这是一种精心设计和实施的模式，有利于学生心理健康的知识传授模式的普及，将教育性和治疗性相比较，教育性最重要。

（3）全员服务模式。该模式认为，在高职院校心理教育中，心理咨询是学生全面发展教育的一部分，通过全校范围的服务，帮助学生充分开发潜力，解决个人问题，协助自己选择。他们强调大学教师要有参与指导工作的机会，不能被贬低为大学指导计划中的次要作用。心理教育应贯穿于学科教师的日常教育，学生心理教育的责任应由全校共同承担。另外，这种模式还主张，学生的心理健康不应该是大学教师的责任，而应该是全社会的责任。

　　2. 美国心理健康教育模式及其特点

　　在 20 世纪 80 年代初期，美国教育界掀起了一股综合性服务的热潮，将各种教育辅助性计划整合起来。如今，美国高职院校里出现了各种各样的综合性服务模式，这预示着综合性的服务将成为今后美国高职院校心理健康教育的主流模式。在高职院校范围内整合各种心理健康资源，对高职院校大学生实施综合的心理健康教育起到了较好的作用。联邦政府也开始划拨综合性的资金来进行综合的教育辅助性计划，资源整合的范围逐渐扩大到社区，内容涉及高职院校大学生的身心健康、学习、生活、发展等各个方面，形成了一场综合性高职院校心理健康教育热潮。

　　到了 20 世纪 90 年代，不少学者纷纷呼吁进一步加强在宏观上的综合，他们指出，不仅要在高职院校范围内整合各种心理健康资源，而且心理健康教育要与高职院校体系的改革整合在一起，高职院校要加强与社区心理健康部门的合作，社会各部门之间也要加强合作，政府部门在政策制定方面要有综合化倾向。这些号召在美国引起了第二波心理健康教育综合化热潮。如今，综合性的心理健康教育计划已经遍布美国，有效地促进了高职院校大学生的发展。

　　总之，国内外学者对心理教育模式的研究与实验在某些方面存在共性，如心理健康教育工作重心由矫治性向预防性、发展性转移，日益重视心理健康专业人员及专业素质的培养，形成学校、家庭、社区相结合的立体教育。大数据背景下，各种理论及模式有逐渐融合的趋势，这符合心理健康教育模式的发展趋势，也极大地推进了心理健康教育的进程，对大学生维护心理健康、预防与矫治异常心理，促进潜能发挥，引起社会对高职院校心理健康教育的关注和重视等起到了积极的作用。

二、大数据背景下高职院校心理健康教育的原则

　　从事心理健康教育工作的教师开展心理健康教育需要遵循心理健康教育原则。从心理健康教育的目标来看，心理健康教育原则体现了心理健康

教育的基本规律①。学习和贯彻心理健康教育原则，对于教育工作者自觉运用心理健康教育规律，掌握心理健康教育技能，促进心理健康教育科学化工作，提高心理健康教育效果，具有重要的理论意义和现实意义。

（一）主体性原则

主体性是在学生的思想卫生工作中，要充分发挥学生的民主意识，信任学生，依靠学生，激发学生的主观能动性。

学生主体性原则集中地体现着高职院校心理健康教育的本质特征。学生主体性原则的基本含义包括两个方面：一是高职院校心理健康教育是以全体大学生为出发点，以增进其心理健康为目的，一切教育的内容和形式都是根据大学生不同年龄阶段设计、组织和安排的；二是高职院校心理健康教育的任何内容和形式，唯有为大学生所喜闻乐见，所认可、接纳、内化，以及通过大学生的主体活动，充分调动他们的积极性和主动性，才能为大学生所认知、感悟，形成其智慧和潜力，从而形成健康的心理。离开了学生的主体地位，任何形式的心理健康教育都是毫无意义的。

学生自己是心理发展的主体。积极心理学认为人类自身存在着可以抵御精神疾病的力量，包括关注未来、乐观主义、人际技巧、信仰、职业道德、希望、诚实、毅力和洞察力等，心理教育就是要挖掘和利用这些力量，培养学生良好的心理品质。心理健康教育的目的在于促进学生的成长和发展，而成长和发展从根本上是一种自觉主动的过程。如果没有学生的主动精神，心理健康教育就会成为一种强制行为，不会收到预期的效果。此外，心埋健康教育是一种"助人自助"活动，其中助人是手段，让学生自助才是目的。

（二）尊重性原则

尊重性原则是针对心理健康教育工作者对受教育者的态度所提出来的原则。即尊重受教育者的人格、尊严和权利，承认其独立性，将每一个人

---

① 王诗彧，孙仪. 新媒体背景下高校大学生心理教育途径探究［J］. 中国报业，2020（20）：91－93.

都视作是有独特价值的个体，民主平等地对待每一个人。

作为有主体性的学生，能否积极、主动和从容地发挥自身的主观能动性，关键在于这种主体性是否得到了尊重。心理健康教育实际上是师生双方的一种交往过程。尊重是实现此种交往的基础，也是师生情感交流的最佳渠道。教育者只有对受教育者给予充分的尊重，师生双方只有在人格上平等，才能达到施受双方心理上的相容，受教育者才能开放自我。如果教育者不能意识到这一点，而以专家自居，高高在上，极易引起他们的不满、反感，甚至抵触情绪。再者，因为只有在民主型的师生关系中进行心理健康教育，才能真正体现学生的主体性，使学生愿意接近教师，愿意和教师说心里话。另外，心理健康教育要想取得良好的效果，必须在轻松愉快、积极向上的心理气氛中进行。作为教育者应成为学生心目中的"知心姐姐"和良师益友。

（三）针对性原则

针对性原则指根据受教育者的身心发展特点和规律，有针对性地实施教育。不同个体在能力、性格、兴趣、家庭背景等方面都存在明显的差异，这就是我们常说的个别差异。心理的个别差异不仅表现在个体间可能具有不同的心理特点，而且表现在相同特点在不同人身上有不同的发展水平。所以，开展心理健康教育必须依据教育对象的心理发展特点因材施教。

（四）发展性原则

发展性原则是指在心理健康教育工作中，以发展变化的观点来看待个体身上出现的问题。不仅要在对问题的分析和本质的把握中善于用发展的眼光做动态考察，而且在对问题的解决和教育效果的预测上也要具有发展的观点。

运动、变化、发展是自然界与社会的普遍规律，人的心理健康问题也不例外。学生心理健康问题有一个发生、发展的历史过程。注重对这一过程的分析，对于"对症下药"地采取心理健康教育措施以消除这些问题不无裨益。

（五）保密性原则

保密原则是指在实施心理健康教育的时候，特别是在一个人或者一个团队咨询的时候，教师应该对学生的自身情况和谈话的内容进行保密，受教育者的名誉和隐私应在道德上和法律上得到保护。

保密原则是鼓励受过教育的人畅所欲言和建立相互信任的基础，也是对个人人格和隐私权的最大尊重。

（六）活动性原则

活动性原则是指心理健康教育要重视通过丰富多样的活动来促进心理发展。活动是指主体与客观世界相互作用的过程。人通过活动反映客观世界，又通过活动反作用于客观世界，使反映进一步受到检验和发展。因此活动构成了心理发生发展的基础。人的心理品质是在活动和交往中形成的，没有社会性的活动和交往，个体的心理只能停留在动物的水平上。活动是心理的本源，是心理产生和发展的最重要因素。人的各种高级心理机能都是这些活动与交往形式不断内化的结果。活动对人心理发展如此重要，因此，丰富多彩、形式多样的活动不仅是心理健康教育取得实效的前提条件，也是区别于高职院校各科教学的主要特征。

（七）全面性原则

全面性原则有三层含义：一是指心理健康教育是针对全体受教育者的教育活动；二是心理健康教育要着眼于心理素质的全面提高；三是心理健康教育要协同各方面力量全方位进行。

首先，从广义的心理健康教育看，心理健康教育是以提高全民族素质为宗旨的教育，是着眼于受教育者的长远发展，培养良好的心理素质，促进身心全面和谐发展和素质全面提高的教育。因此，心理健康教育要面向全体受教育者，而不是仅仅帮助有心理疾病的个体。其次，从学生内部来看，其心理是一个有机整体。知、情、意、行是密切联系在一起的，心理过程、心理状态、个性心理特征交互影响，心理因素与生理因素也相互作用、密不可分。最后，从内外关系上看，个体身心因素与外部家庭、学校、社会环境存在着彼此制约、互为因果的错综复杂的联系。因此，进行心理健康教育，应从个体心理的完整性和统一性、个体身心与外界环境的制约性和协调性等方面来全面考察和分析学生心理问题的形成原因及其对策。同时也要整合学校、家庭和社会各方面的教育力量，使心理健康教育更加有效和持久地开展。

（八）成功性原则

成功性原则是指在心理健康教育工作中，要尽量使学生产生成功的愉快体验，减少失败的不愉快体验。

教育心理的研究证明，成功和失败不仅可以提供反映活动（学习成功，达到预期目标的程度）的信息，且可以对从事后继学习活动的动机产生影响。从总体上讲，适当的成功和失败都可以增强后继学习的动机，但对后继学习作用的大小及可能产生的副作用则有很大的差别。成功的体验对动机的激发作用大于失败的副作用，尤其对成绩较差的学生来说，进一步失败会导致学习动机的下降，而一次或多次成功则会成为学习动机的"激活剂"。

教育实践也表明，有许多学生成绩不好，甚至逃学、厌学，究其原因，不能说跟他们很少甚至从未体验过成功的快乐无关。这些学生由于成绩差，在学校里常受到老师的批评训斥和同学的冷嘲热讽，在家庭里又常受到父母的打骂责备，根本享受不到成功的快乐。学习带给他们的是沉重的心理负担。经常性的失败体验，使他们心灰意冷，"破罐子破摔"，导致恶性循环，极大地限制了他们自身潜能的发挥。

（九）教与不教原则

心理健康教育要立足于受教育者，让受教育者能够不依靠教育者而自觉地、独立自主地分析问题和处理问题。

道理很简单。受教育者不可能永远生活在学校或培训机构，永远随时受到老师或心理咨询师的帮助。他的绝大部分时光要作为社会一员生活在复杂多变的社会中。"授人以鱼，不如授人以渔"，教的本质在育人，学的核心在成人。教师教育，重点在"育"；学生学习，重点在"习"。最好的心理健康教育是帮助学生学会自立自强、自尊自信，能够从容地、独立自主地应对未来生活的各种风风雨雨。

（十）教育性原则

教育性原则是指教育者在进行心理健康教育的过程中根据具体情况，提出积极中肯的分析，始终注意培养受教育者积极进取的精神，树立正确的人生观、价值观和世界观。心理健康教育是社会精神文明建设的重要组成部分，要充分体现社会精神文明的特征，以及它的时代性和进步性。可以说，教育性原则比较鲜明地体现了社会主义心理健康教育的特点与要求。

三、大数据背景下高职院校心理健康教育的途径

心理健康教育有许多途径，就高职院校心理健康教育来说，主要有开设专门课程、学科渗透、寓于活动、优化环境、心理咨询和利用网络进行心理健康教育等。

（一）开设专门课程

1. 高职院校心理健康教育专门课程设置的必要性

心理健康教育专门课程，指在一定社会的教育目标指导下，以受教育者的心理健康的维护、心理素质优化和心理潜能开发为目的，以必要的心理知识传授、常见的心理问题辅导、积极的心理品质培养为内容的一门心理教育课程。作为一门新型的课程，必然有其规范的、科学的要求。心理健康课作为一门课程的基本特征是具有计划性、目的性、系统性的，是学科性、综合性和应用性的，其内容特点是人本性、生活性、心理性、教育性。另外，教学对象上的公众性、教学过程的活动性、体验性以及教学目标的发展性等也是本学科的特点。

专家认为，必须把专门的心理健康教育课程纳入课程体系之中，成为其不可缺少的重要组成部分，并以开设专门的心理健康教育课程为主线，使其与学科课程和活动课程紧密结合，形成一种协同效应，从而构成一个

由学科课程、活动课程和心理健康教育专门课程组成的统一的全新课程体系。这是加强心理健康教育、优化课程体系、促进心理素质发展、带动整体素质全面和谐发展的一条根本出路。

2. 高职院校心理健康教育专门课程的设计

高职院校心理健康教育专门课程的设计有三个方面要求：

（1）明确课程目标。明确课程目标是课程设置的核心问题。课程目标是指导、实施、评价心理健康教育活动课教学的基本依据。因此，为了使心理健康教育专门课程的教学工作得以顺利进行，必须保证心理健康教育专门课程目标的合理性、科学性和可操作性。

（2）确定课程内容。课程目标是确定课程内容的依据，课程内容则是实现课程目标的媒介和载体。课程内容是指课程项目的集合，而课程项目表现为各个课程单元。课程目标的实现是与适当的课程项目的确定以及高质量的单元设计密切相关的。课程项目和课程单元的选择和划分要做到合理有序，必须符合大学生的实际需要和接受能力。大学生的心理年龄特征和各种素质发展的关键期不同，课程的难易程度要相应有所不同，应体现从简单到复杂、循序渐进的特点。大学生的发展水平和发展需要因各地各校情况的不同而不同，在课程内容的选择上也要体现个体差异性的特点。当然借鉴国外和我国港台地区的成功经验，也有助于确定合适的活动内容。

（3）进行单元设计。心理健康教育专门课程教学主要是通过教师与学生的共同活动来进行的。因此，该课程的形式主要表现为心理健康教育活动课程。单元设计是为顺利实施某一具体心理健康教育活动课程的内容而制订的计划。

（二）学科渗透

学科渗透是指教师在学科教学中自觉地、有意识地进行心理健康教育。由于学科教学的主要任务不是系统的心理健康教育，故只能"渗透"心理健康教育的内容。如果说列入高职院校课程表的心理健康教育专门课程是高职院校心理健康教育的主渠道，它发挥了"主导性"的功能，那么各学科教学中有意识地渗透心理健康教育内容，便是此种教育的副渠道，发挥了"濡染性"功能。

高职院校心理健康教育之所以要通过学科渗透的途径进行，主要有以下原因：从教育时空层面来说，各科的课堂教学是学生和教师占据时空最多的场所；从教育资源层面来说，各科教学本身就包蕴了十分丰富的心理健康教育资源，无论是工具课、人文课还是自然课、技能课，都有许多显性或隐性的心理健康教育内容可资利用；从教育队伍层面来说，学科渗透可以让更多的教师参与心理健康教育，有利于在高职院校中营造促进大学生心理健康教育的环境氛围；从心理学学科本身层面来说，学科渗透为心理学理论在课堂教学中的应用开辟了一个广阔的领域；从教师层面来讲，学科渗透可以促使更多的教师学习心理学理论，运用心理学理论，提高其理论素养和教学能力；从课程层面来说，学科渗透心理健康教育这一命题的提出，既是高职院校心理健康教育深入发展的标志，也是现代高职院校课程发展的必然逻辑。

（三）寓于活动

这里的活动有别于心理健康教育课程中的活动课，是指作为课题教学的补充、扩大和延伸的有目的、有计划、有组织的课外教育活动。

1. 高职院校心理健康教育寓于活动的必要性

从理论层面讲，活动是指主体与客观世界相互作用的过程。人通过活动反映客观世界，又通过活动反作用于客观世界，使反映进一步受到检验与发展，因此，活动便构成了心理发生发展的基础。

从实践层面来看，丰富多彩的课外活动为大学生走向社会、接触自然提供了广阔天地，是培养大学生良好心理素质的有利场所。它不仅增加了大学生获得知识的信息渠道，而且有助于促进大学生的好奇心和求知欲，促使他们大胆想象、积极思维，进行独立探索和自我发现，激发灵感，从而提高创造力。苏霍姆林斯基认为，课外活动是学生治理生活的策源地，课外活动使学生迈上了科学思维的道路。他认定课外活动是学生个性发展的一个重要条件，只有当学生每天按自己的愿望随意支配 5~7 个小时的空余时间，才可能培养出聪明、全面发展的人才来。

2. 高职院校心理健康教育活动的设计

高职院校心理健康教育活动的设计要点如下：

（1）设计的原则。主体性原则：教师既要确定学生在活动中的主体地位，又不能放弃自己的主导地位；开放性原则：向校内开放，向家庭开放，向社会开放；多样性原则：活动设计要生动活泼、丰富多彩，以调动大学生活动的积极性；有效性原则：设计者一方面要针对大学生的实际来设计问题，另一方面要考虑其可操作性；系统性原则：注意内容的系统性，是单个集体活动组成的系列活动。

（2）设计内容。设计内容包括活动的目的、活动的内容、活动的形式、指导教师或主持人、参加者、时间、地点、活动准备、活动程序、活动要求、活动总结。

（四）优化环境

1. 高职院校心理健康教育工作中优化环境的必要性

高职院校物理环境包括时空环境、设施环境、自然环境等。高职院校物理环境是高职院校教育工作赖以进行的物质基础，是高职院校生活的一种物质载体。如果物理环境不能尽如人意，则将对大学生的心理健康产生不良影响。

高职院校心理环境包括人际关系、信息环境、组织环境、情感环境和舆论环境。"随风潜入夜，润物细无声"，与物理环境相比，心理环境是看不见、摸不着的无形环境，但对大学生的心理活动、心理健康教育有着不可忽视的巨大的潜在影响力。尤其在高职院校的物理环境不可能得到彻底改善的情况下，先以改善高职院校心理环境为突破口，注重营造良好的校风班风、注重构建和谐的高职院校人际关系、注重挖掘和充分利用一切有利于大学生心理健康发展的积极心理环境因素，就有可能在校内形成强大的凝聚力。目前，一些高职院校的心理环境状况堪忧，重新构建良好的心理环境尤为重要。

2. 高职院校心理健康教育工作中优化环境的原则

高职院校心理健康教育工作中优化环境的原则包括：

（1）教育性原则。教育性原则主要是指高职院校环境的一切设计、装饰和布置都必须有利于启迪大学生的思维，陶冶大学生的情感，磨炼大学生的意志，必须充分体现各种环境因素的心理健康教育意义。

（2）科学性原则。科学性原则就是要求高职院校环境的建设和美化要符合大学生身心发展的特点及心理健康教育、教学工作的规律，遵循生理学、心理学、教育学、建筑学、美学、卫生学的基本原理，要通过科学合理的调控优化，使高职院校环境成为科学和艺术的统一体。

（3）实用性原则。实用性原则指高职院校环境的设计、建筑和优化应当根据高职院校的实际情况和经济条件，本着经济实用的宗旨进行。

（4）有效性原则。有效性原则指高职院校环境的优化应追求实际效果，防止搞形式主义的东西。

（5）特定性原则。特定性原则指在优化环境过程中，可以通过增强或突出环境的某些特性，有意形成某种特定环境条件来影响大学生的行为，以达到预期的目的。

（6）优势性原则。优势性原则是指在高职院校环境的调控优化过程中，要充分利用已有的有利环境条件，突出自己的优势。

（7）筛选性原则。在调控高职院校环境过程中，要对存在于高职院校环境中的各种信息进行一定的选择转化处理，实行信息优控，使信息成为促进大学生心理健康发展的积极因素。

（8）主体性原则。教育者不仅自己要重视调控高职院校环境，而且要重视大学生在调控学校环境方面的作用，培养大学生自控、自理环境的能力。

（五）心理咨询

心理咨询是一项专业性和技术性较强的综合艺术。正如陈家麟所言："它旨在帮助个人成长，却不企图强加指导；它促使人维持心理健康，却不完全提供病理性治疗；它是一种人际交流，却又不是社交活动；它力图使人解除烦恼，却又不是简单地安慰人；它希望与人建立无话不谈的亲密关系，却又不能发展私人友谊；它使人头脑冷静，却又不能做逻辑分析；它是聆听，而不是说教；它是接纳，而不是训斥；它是引导，而不是教导；它是参与，而不是控制；它是了解，而不是侦讯；它是疏导，而不是制止；它是真诚，而不是做作；它是支持，而不是改造；它是领悟，而不是解答；它是使人内心悦服，而不是令人屈从。"

心理咨询是心理健康教育中最具专业特色的途径，具有高职院校任何其他教育形式不可替代的重要性。它有助于受助者从更为专业和技术的层面进一步认识和增进身心健康，进一步深化对自我的认识、进一步有效地面对各种现实问题，进一步纠正某些错误观念和不当行为，进一步建立和维护新型的人际关系。

（六）利用网络进行心理健康教育

随着计算机的和网络的迅猛发展，网络已经或正在成为心理健康教育的一条新的途径，以至于出现了网络心理健康教育的新概念。所谓网络心理健康教育具有广义和狭义之分。狭义上就是指教学双方以网络为媒介或环境，传授有关心理健康的理论和方法，解决受教育者的心理问题，以维护和增进受教育者的心理健康，促使其心理素质提高、身心和谐发展的教育活动。广义上的网络心理健康教育除了狭义所指外，还包括运用心理健康教育的理论和方法解除网络带来的心理问题，教育受教育者科学健康地利用网络促进心理健康等内涵。

1. 利用网络进行心理健康教育的优势

利用网络进行心理健康教育有六大优势：

（1）内容更丰富。网络使心理健康教育的内容变得丰富而全面，在这里，教师传授心理健康知识将不再是主要目的，而是帮助大学生去发现自我、了解自我、管理自我，最终引导他们完善自我。

（2）形式更活泼。网络使心理健康教育的形式从静态变为动态，通过网络，大学生自由地选择"教师""教室""教材"和授课时间等。

（3）教育面更广。网络克服了传统课堂受时空的限制，一次只能使数量有限的大学生受益的缺陷，从而大大减轻了教师简单重复的工作量，提高了工作效率，使教师能以更大的热情和精力投入富有创造性的工作。

（4）空间更安全。网络的匿名性本身就能达到很好的保密效果。因此，大学生可以大胆地倾诉自己的苦恼与烦闷，而不必担心别人是否会知道。在传统的教育中，受时空或传统观念等条件的限制，大学生心理方面的问题很难被及时发现。通过网络，大学生可以随时随地、直接地把自己的心理困惑向老师提出，不用担心被其他人知道。

（5）便于思考分析。当事人与心理健康教育工作者通过 E-mail、论坛或其他网络形式进行沟通，常常需要书写。书写本身也是一种整理思想、进行自我反思的过程。它不像面对面咨询和电话咨询一样需要即时领会对方的意图并做出反应，而是可以有一个相对宽松的时间仔细思考与进行分析，从而增强了对问题把握的准确度。

（6）便于储存和查询案例。以心理咨询为例，在传统的心理咨询中，案例的保存和查询是一件相当费时费力的琐碎事，而借助现代技术手段，案例的保存和查询在网络咨询中很容易实现。这极大提高了咨询师进行督导和研究的工作效率，同时也为当事者提供了更宽广的选择空间。当事者可以从各大搜索引擎中或根据网页的栏目设置找到相关内容，如果有兴趣还可以先看一看已有的案例，找一找是否有想要的东西。如果还不明白，再进一步确定是否去咨询。

网络作为"第四媒体"，是一种立体式的媒体，它的功能是传统媒体所无法比拟的，也使得心理健康教育的形式从平面走向立体，从静态变为动态，从现时空趋向超时空。网络已经成为心理健康教育的较好手段、技术和途径之一。网络为人们创造了一个全新的生活空间，它可以带给人们一场全新的心理体验，进行一场全新的心理革命运动，为人类的文明进步书写新的篇章。

2. 利用网络进行心理健康教育的局限性

利用网络进行心理健康教育有以下局限性：

（1）问题的真实与否难以辨别。网络的匿名性使人们敢于更真实地表达自己，而不必担心社会评价，可以避免面对面交流中出现的顾虑和尴尬，却也带来了责任感的缺失——当事人可以毫无顾忌地展示自己的内心隐私和黑暗。甚至有些人为了填补内心的空虚而编造夸张离奇的故事。本着维护当事人的利益，为当事人服务的职业准则，咨询师应该信任和尊重当事人，即使难免被捉弄，但要做到对方虚假，而我仍真诚以待。

（2）沟通信息不够全面。网络咨询是一种间接的人际互动，听不到对方的声音，看不到对方的长相、表情与动作姿势，双方沟通中许多有价值的信息就缺失了。仅仅通过文字表述有时难以起到与语言表达相同的效果。在面对面的交往中，咨询师会结合当事人的谈吐与表情举止，对其加以综合分析，推断并及时做出恰当反应。而在网络咨询中，倘若当事人或咨询师文字表达能力不强，会很影响咨询的进程与效果。

（3）咨询关系不够确定。心理障碍的解除不可能立竿见影、药到病除。因此，大多数的心理学者和临床工作者都十分强调建立一种彼此信任的咨询关系，要经过一段时间的双方共同探讨，才能将问题澄清，达到满意的治疗效果。而在网络咨询中，有一部分人是为了消遣而上网，或者说，他们把上网当作了一种休闲、娱乐的方式，他们的行为带有很大的试探性与随机性。有些人只来一次便从此消失，有些人过了很久又冒了出来。有的人虽然希望通过网络咨询解决自己的心理困惑，但由于他们的阻抗或犹豫未能被咨询师及时察觉并给予有效回馈，或者咨询师的对质令他们感觉不舒服（而对质常常是有效咨询的必要条件），正当问题如剥茧抽丝般即将澄清时，十分令人遗憾：他们逃避了。

（4）受制于技术水平等客观因素。网络心理咨询要求当事人与咨询师具有便利的上网条件，具备一定的网络知识和电脑水平，要求网络运行正常，传输快捷。

3. 利用网络进行心理健康教育的方法

利用网络进行心理健康教育的方法包括：

（1）建立坚强有力的心理辅导队伍。使网络成为大学生学习心理健康知识的新课堂，倾诉心声、宣泄情感的新场所。

（2）建立富有吸引力的心理健康网站。在网页的设计上，主题应严肃认真，立意应高远放达，内容应丰富多彩，形式应生动活泼。

（3）在线咨询。请专业心理辅导老师提供个性化心理服务，就有关的心理问题提供在线心理咨询，帮助咨询者认识自己、接纳自己，更有效地解决成长中的烦恼和挫折，更为主动、积极地迈向自我实现。大学生通过E-mail 直接向心理咨询老师就有关心理问题寻求解答，老师以负责任的态度及时回答大学生提出的问题，从而使求助者建立起正确的体验生活的方法，使个体逐步形成完善的自我概念和对物质世界的适应能力。

（4）传统与网络相结合。传统心理健康教育比较人性化，沟通更直接，有时候人机对话的效果远远比不上面对面交流的沟通来得真切，比如心理学中的精神分析、催眠、沙盘游戏等是解决个体心理问题的重要手段，通过这些技术，可以起到事半功倍的效果，这是网络所不能达到的。而网络心理健康教育拓宽了教育面，教育内容与形式、教育方法与手段也更加多样化。尤其是网络教育的匿名性、虚拟性、即时性、开放性和平等性，更是传统教育所不能及的。因此，两者结合、扬长避短、优势互补就显得尤为重要。只有这样，才能最大限度地帮助学生。

四、高职院校心理健康教育的常用方法

心理健康教育的方法是旨在达到心理健康教育目标而采用的方法。心理健康教育方法是一个立体的体系，可以对它从不同的角度，以不同的标准进行分类。从心理健康教育课程的角度，不同的课程类型实施教育的切入点不同，其方法也各异：学科课程注重心理知识的认知，活动课程注重心理品质的培养，环境课程注重心理氛围的熏陶，由此可以分别采用讲授、训练、陶冶等方法；从心理品质的角度，可以分为认知因素（指观察力、记忆力、思维力、想象力、注意力等）和非认知因素（包括情感、意志、性格、兴趣、动机等），其教育方法自然不同；从教育内容角度，学习心理指导，情感教育、性格教育、耐挫能力培养、性心理健康教育、人际关系指导等，这些教育内容实施也各有方法。①

---

① 张珍珍. 基于传统茶文化思想的现代高职院校大学生心理教育研究［J］. 福建茶叶，2018，40（09）：349.

（一）晓之以理法

晓之以理法也可称作认知改变法，指在认知上对受教育者晓之以理，进行心理健康教育的方法。也即我们平时所说的说服，通过摆事实、讲道理，使受教育者端正对心理健康的认识，掌握相关的知识，形成正确的观点。

古人云："知之愈明，则行之愈笃。"要使大学生自觉地进行心理保健、优化心理素质、开发心理潜能，首先要提高其认识，启发其自觉，调动其积极性。

认知改变法的主要形式有：

（1）讲授法。通过课堂或专题讲座面向众多受教育者传授有关的心理健康教育知识和原理。讲授时要把教学组织成师生双方都积极参与的双边工程，要注意教育对象的年龄特点，运用启发式，注意深入浅出，充分调动大学生的主观能动性，切忌将讲授变成枯燥乏味的说教。讲授法的优点在于单位时间里受众多，效率高。但对个别有特殊心理需要的学生难以顾及。

（2）谈话法。是师生一对一或一对多的沟通交流，这是对讲授法不足的补充。可以近距离地就某个大学生或几个大学生共同的心理需求进行教育。这种谈话法是一种双向沟通，大学生可以充分暴露自己的想法，教师摆事实、讲道理说服学生，使学生心悦诚服。这种方法的优点有助于解决大学生的个别问题，给人印象深刻；缺点在于较为费时。

（3）讨论法。常用方法有专题讨论、辩论赛、头脑风暴法、配对讨论、六六讨论、情景讨论等。

（4）参观访问法。对心理健康教育开展亲临现场的观摩来进行心理健康教育。

（5）启迪法。运用生活中大学生感兴趣的正反事例进行启迪和教育，将教育要求逐渐转变为学生的需要，这样易引起大学生理性的认同。

（6）换位思考法。教给大学生设身处地站在他人立场上考虑问题，走出自己的认知误区。

（7）阅读法。指导大学生大量阅读古今中外的经典作品，有助于大学生的心理健康教育。正如培根在《读书论》中所说："读史使人明智，读诗使人灵秀，数学使人周密，哲学使人深刻，伦理学使人庄重，逻辑、修辞学使人善辩，凡有所学，皆成性格。"

（二）动之以情法

人是有感情的动物。人一旦动了真情实感，整个心理特别是人的认知都会随之受到影响。关于这一点，古今中外的教育家、心理学家和思想家均有不少论述。大量研究发现，感情具有动力功能、启智功能、信号功能、健身功能。

首先，积极的感情对记忆的数量、再现或再认以及记忆品质的提高有良好的促进作用。其次，饱满的情绪对于思维的敏捷性、创造性和正确判断有不可低估的促进作用，反之，消极情绪则起消极作用。比如当我们的学生在学业上遇到了困难，逐渐失去学习的动力和信心。这时就可以采用动之以情的心理教育方法。老师可以以同情和鼓励的态度，向学生传达她对困境的理解，并告诉自己也曾经经历过类似的挑战。与学生分享自己在大学时期面对学业困难时的经历，以及如何通过寻求帮助、制订合理的学习计划和培养积极的学习态度来克服困难。通过这样的方式鼓励帮助学生寻找适合自己的学习策略，帮助学生逐步克服学业上的困难。由此可见，动之以情也是全方位进行心理教育的有效方法。

如何做到动之以情？方法很多。这里着重就不大被人注意的情感的感染性、理解性和情境性的特点及其相应的教育措施进行说明。

1. 利用情感的感染性进行心理教育

情感的感染性是指人们的感情可以通过特定的形式影响别人并使之产生类似情感的特性。这是社会生活中十分普遍的人际影响现象。许多研究表明，在教育教学过程中，教师是影响学生最积极、最活跃的因素。这种影响不仅有赖于教师的专业知识、教法、技能，而且也有赖于教师是否善于运用自己的感染力技巧。教师的感染力是学生更好地接受知识，培养积极情感的心理力量。

2. 利用情感的理解性进行心理教育

情感的理解性指情感在认识的基础上产生并随着认识的发展而变化的特性。俗语说"知之深，爱之切"，为了培养学生积极的情感，就必须使他们了解有关的知识，懂得有关的道理，知识掌握得越丰富，道理理解得越深刻，相应的情感就越深厚、越崇高。

3. 利用情感的情境性进行心理教育

情感的情境性指人的情感是在一定的情境中产生并随着情境的变化而变化的特性。晋代学者王羲之在其《兰亭集序》中曾写道："情随事迁，感慨系之矣。"具体的情境可以唤起人们相应的情感。

（三）导之以行法

引导，甚至在必要的情况下规定受教育者参加有利于心理健康的活动。通过积极有效的活动效果的反馈和强化，有利于活动者端正认知并培养积极情感。尤其是通过行动而培养的良好习惯一旦形成，对人的心理健康终身有益。一代伟人毛泽东《在延安文艺座谈会上的讲话》中曾有这样一段切身体会："我是个学生出身的人，在学校里养成了一种学生习惯，在一大群肩不能挑担，手不能提篮的学生面前做一点劳动的事，比如自己挑行李吧，也觉得不像样子。那时，我觉得世界上干净的人只有知识分子，工人、农民总是比较脏的……革命了，同工人、农民和革命军的战士在一起了，我逐渐熟悉了他们，他们也逐渐熟悉了我。这时，也只有在这时，我才从根本上改变了资产阶级学校所教给我的那种资产阶级和小资产阶级的感情。"由此可见，毛泽东对工农兵的态度和情感上的变化，得益于他同工农兵在行动上的深入接触。马克思讲，一个行动胜过一打纲领。导之以行并产生良好的效果需要做到如下三点：

（1）坚持练习，培养教育对象良好的行为习惯。习惯是一种后天获得的趋于稳定的动力定型，是通过长期反复练习形成的条件反射连锁系统。从这个意义上说，培养良好的行为习惯，必须通过练习。有时形成良好的生活习惯和学习习惯比改变认知更有效。

（2）制定并完善必要的规章制度和纪律来约束人的行为。在行为上对高职院校大学生加以约束，认知和情感会随着年龄的增长、阅历的增加而发生可喜的变化。因此，要求受教育者遵守纪律，有助于培养其坚持性、自制性和组织性。

（3）委托受教育者完成一定的工作任务也是一种心理训练。它不仅能提高其工作能力，而且可以培养其责任感、集体主义精神和克服困难完成既定任务的意志品质。

（四）榜样示范法

榜样示范就是以别人的优良心理品质和模范行为对教育对象进行心理健康教育。榜样包括伟人的典范、教育者的示范、同伴中先进典型的模范。这里的教育者不仅指教育工作者，还指家长。榜样把良好的心理品质和行为规范具体化、人格化、形象且生动，具有极大的感染力和吸引力，其理论依据就是班杜拉的社会观察学习理论。

（五）自我心理修养法

心理修养法就是在指导者的引导下，受教育者为形成良好心理品质、增进心理健康、开发心理潜能而自觉地进行学习、自我反思和自我行为调控的方法。自我心理修养的过程就是自我心理教育的过程，即通过有目的、有意识地调控自己的心理活动，达到自我心理完善。

心理修养法的主要形式：①学习心理健康方面的知识。②立志。志含有动机、决心之意，立志便是下定决心，激发动机之意。指导大学生立志实质上就是动机教育。③内省。即通过自我检查、自我分析、自我监督、自我调控，来改正自己的心理缺陷，优化自己的心理素质。比如写日记就是一种很好的内省方法，也是一种很好的情绪宣泄方法。④设置座右铭。针对自己的心理缺陷，选择相关的名言警句，或自我提出的要求，用以警醒和勉励自己。⑤积极地自我暗示。

第四章
大数据背景下高职院校心理健康教学模式构建

　　高职院校心理健康教育是教育者运用教育学、心理学、精神医学等学科知识，通过多种途径，使高职学生克服心理障碍，提升心理素质和心理健康水平，发挥心理潜能，促进身心和谐发展的教育。而心理健康课程教学是心理健康教育的主渠道，不断加强心理健康课程建设，是适应心理健康教育发展趋势的有力举措。高职院校要根据高职学生的心理特点和发展需求，准确把握心理健康教育课程的独特性质，面向全体高职学生开设"学生心理健康"公共必修课，设立教研室，组建与培养教学团队，合理规划教学内容，完善课堂教育方式方法，并加强教学评估与督导，充分发挥课程教学在心理健康教育体系中的重大作用。

第一节　高职院校心理健康教育课程的设置

　　高职院校心理健康教育课程是培养学生良好心理素质，以促进学生身心全面发展为目的，以心理知识传授、心理品质培养和心理辅导为内容，根据学生生理、心理发展的特征与规律，由具有一定心理学素养的教育工作者设计和组织的专门课程。普及心理健康教育课程，对全体学生较为系统地了解和掌握心理健康的理论和方法，充分满足学生对心理健康知识与方法的迫切需求具有十分重要的教育意义。

一、心理健康课的课程性质

2011 年教育部颁发的《普通高等学校学生心理健康教育课程教学基本要求》中指出，"学生心理健康"课程属于一种集知识传授、心理体验与行为训练为一体的课程。心理健康必修课的课程性质侧重点在于学生心理素质的发展，即通过有效的心理健康教育，识别与预防各种心理障碍，解决学生在日常学习生活中遇到的各类适应性和发展性的问题，促进学生身心健康、人格完善，激发学生内在潜能，是一门具有广泛实用性和指导性的课程。

二、心理健康课的课程目标

作为一门素质教育公共课程，"学生心理健康"旨在使学生明确心理健康的标准及意义，增强自我心理保健意识和心理危机预防意识，掌握并运用心理健康知识，培养自我认知能力、人际沟通能力、自我调节能力，切实提高心理素质，促进学生全面发展。具体而言，该课程要使学生在知识、技能和自我认知三个层面达到以下目标。

知识层面：使学生了解心理学的有关理论和基本概念，明确心理健康的标准及意义，了解大学阶段人的心理发展特征及异常表现，掌握自我调适的基本知识。

技能层面：使学生掌握自我探索技能、心理调适技能及心理发展技能，如学习发展技能、环境适应技能、压力管理技能、沟通技能、问题解决技能、自我管理技能、人际交往技能和生涯规划技能等。

自我认知层面：使学生树立心理健康发展的自主意识，了解自身的心理特点和性格特征，能够对自己的身体条件、心理状况、行为能力等进行客观评价，正确认识自己、接纳自己，在遇到心理问题时能够进行自我调适或寻求帮助，积极探索适合自己并适应社会的生活状态。

三、心理健康课的课程设置

2011年5月28日颁发的《教育部办公厅关于印发〈普通高等学校学生心理健康教育课程教学基本要求〉的通知》（教思政厅〔2011〕5号文件）指出，高职院校要根据学生心理健康教育的需要，结合本校实际，制定科学、系统的教学大纲，组织实施相应的教育教学活动，保证学生在校期间普遍接受心理健康课程教育。心理健康必修课的课程设置要充分考虑教学时间安排、教学设计安排、教学内容安排以及教学人员储备四个方面。

（一）教学时间安排

根据教育部相关文件规定，课程开设时间和方式有如下要求：在第一学期开设一门"学生心理健康教育"公共必修课程，覆盖全体学生，在其他学期开设相关的公共选修课程，形成系列课程体系。有条件的可以增开与学生素质教育、心理学专业知识有关的选修课程。从学生实际需求的角度出发，心理健康教育课程授课时间以大一为主，之后开设会错过其心理适应发展的第一时间，略显滞后。需要注意的是，在大二时期，学生对生活还缺乏必要的体验，需要通过在教学设计上做一定的安排加以处理。当然，更为理想的课程安排可能是：将心理健康教育课程体系覆盖大一到大四，针对每个时期不同的发展任务，有针对性地安排专题课程。北京师范大学在实际操作中采取的即是这种模式，从大一到大四分别安排了适应、学习、人际、恋爱、自我认同、职业探索等不同主题，与学生不同时期的心理需求和发展任务相匹配。

（二）教学设计安排

心理健康教育课程是基于学生心理健康成长设计和运作的，要突破传统的单纯理论知识灌输的模式，以体验为主要形式，以直接经验为基础，让学生通过体验来获得感悟。因此在教学总体设计上，要遵循体验为先、理论并重的原则，高职院校可以根据教学设施、师资力量、学生特点等情况，将32～36学时用作理论和实践学时。在教学方法上，要增强教学感染力和实效性，采用项目教学法、团体辅导法、小组讨论法、行为训练法、游戏辅导法、互动体验式、案例分析、角色扮演等多种教学方法。在教学手段上，要充分利用网络、多媒体、现实案例等资源，调动学生的积极性和参与热情，提升教学效果。实践学时还可以设置为必修与选修两个部分，以满足不同类型学生的心理教育需求。

（三）教学内容安排

无论哪一种模式，理论教学内容均应包括：学生心理健康与咨询、学生心理困惑及异常心理、自我意识、学生人格发展与心理健康、学习心理、学生人际交往、生活规划，恋爱与性心理、情绪管理、压力与挫折应对、生命教育与心理危机应对。实践教学内容与理论教学内容相匹配，形式上提倡多样化，以巩固与提升理论教学效果。

（四）教学人员储备

目前高职院校在教学人员安排上有以下方式：心理健康教育专兼职教师为主、本校专兼职教师加外聘外校心理健康教育专职教师、心理健康教育专兼职教师与辅导员队伍相结合、辅导员队伍为主等。从长远发展角度考虑，高职院校要形成长效的培养机制，建立一支师德高尚、专业过硬、结构合理、充满活力的心理健康课程教学队伍，加强心理健康课程教学人员培养工作，鼓励教师积极开展心理健康教学研究和团队教学，参与心理咨询与心理训练，增强教学实践能力，并聘请相关方面的专家加入教学队伍，创造性地开展各种教学教研活动，促进教学水平和教学效果不断提高，并鼓励有条件的辅导员参与相应课程教学。

第二节　大数据背景下高职院校心理健康
教育课程教学模式与方法

众所周知，心理健康教育在我国越来越受关注，各高职院校开展心理健康教育的热情也空前高涨。就心理健康教育而言，方法和途径是多种多样的，但心理健康教育的主渠道始终是课程教学，在大数据背景下探索心理健康课教学模式与方法是有效提升心理健康课程教学效果的必经之路。

教学模式是在一定教学理论的指导下，通过对教育教学实践经验的概括和总结所形成的一种指向特定教学目标的比较稳定的基本教学范式。它是某种教学理论在课堂教学特定环境中的表现形式，可以实现特定条件下的教学结构和功能统一。教学模式是指导教学实践的重要依据。

一、心理健康课传统教学方法

"学生心理健康"是一门素质教育课程。这门课程应本着"理智启迪与情感培养相结合，知识讲授与案例分析相结合，课堂练习与情景体验相结合，教师引导与学生参与相结合"的教学思路，打破单一的知识讲授的教学方式，采取灵活多样的教学方法。具体说就是除课堂讲授外，还应将课堂练习、案例分析、寓情于景等教学方法融入课堂教学中，使学生心理健康教育课程的教学方法具有自己的鲜明特色。适合"学生心理健康"课程教学的方法有以下六种。

（一）课堂讲授法

心理健康教育课程的课堂讲授应与传统的课堂讲授有区别，心理健康教育课程讲授更应注重课堂中的师生互动、启发领悟与心理体验。借助于多媒体，通过提问等方式，让学生进入老师的语境和情感中，从而使学生更好地理解讲授的内容，掌握心理健康的知识，懂得主动调节心理状态、维护心理健康。"学生心理健康"不同主题中的心理健康基础知识教学，均会用到讲授法。教师讲课中应有热情、有感染力、精神饱满。能吸引学生注意力固然重要，但更重要的是目的明确、思路清楚，对问题的阐述简练准确、重点突出，能把学生带到深入探讨问题的境界，给予学生思考、联想、创新的启迪。

（二）案例分析法

教师通过列举贴近当代学生的生活典型案例，针对他们普遍的心理困惑，层层解剖分析，或者以提问方式启发引导学生进行具体分析，帮助学生深化认识，获得感悟，找到解决实际问题的办法。例如在人际关系这一主题中，教师可以常见的学生人际交往的案例为原型来举例并进行分析，让学生从别人的经历中获得感悟。又如以生命教育为例，教师可以列举正反两个对生命不同态度的个案，分别进行具体分析，帮助学生深化对生命的理解，引导建立或强化正确的生命观。

（三）分组讨论法

课堂讨论常是深受学生欢迎的一种方法。这是学生的研究性、探索性学习的主要体现。在教学过程中，教师提出问题组织学生围绕同一个主题进行讨论，使学生学会基于事实、概念和推理来维护自己的意见，同时学会从不同的角度考虑问题，在培养集思广益能力的同时提升心理健康水平。根据课程内容需要，教师也可将不能在课堂解决的问题布置给学生课后讨论，下次课前再进行课堂总结发言。这种方式可让学生的认知得到验证和交流，问题得到查清，也可进一步加深对相关知识的理解。

例如在学习心理这一专题教学中，教师可先组织学生分组讨论他们目前所面临的学习困难，确定本班学生的不同学习困难后，再分组讨论如何解决。学生们自己得出的应对学习困难的方法很可能比教师介绍的普遍应对方式更有效、更具针对性。又如生涯规划专题学习完后，可以要求每个组采访 5 位以上比较成功、在学生中有一定影响的本专业的学长，在组内开展讨论，并在此基础上制订自己的学习生涯规划方案。通过这种方式制订的方案比仅在课堂理论学习和认知基础上形成的学习生涯规划对学生本人更有指导性和实效性。

（四）心理测验法

为加深学生对课程内容的理解，可以精心挑选出一些适合课堂完成的心理测试量表，对学生进行心理测试，让学生了解自我，主动调节自己的心理，维护心理健康。心理测验法是深受学生喜欢的一种教学方法，也是学生了解自我心理状况的一种简单有效的途径。教师要选择科学规范、信效度较好的量表，并对测量结果进行适当分析和解读。

以"学生人格完善"为例，教师可让学生在课堂完成16PF（卡特尔16种人格因素测试）或者艾森克人格问卷；而在"压力应对"教学中，教师可选择"学生生活事件量表"施测，为防止学生简单地对号入座，给自己"贴标签"，教师应及时科学地解释测验结果。

（五）情景再现法

这是指教师向学生提供或创设各种情景，如心理游戏、团体活动、视频欣赏等，让学生在亲身实践中获得体验。这种寓教于乐的教学活动，活跃了课堂气氛，吸引了学生的注意力，提高了学生的学习兴趣。

如在"压力应对"中，可让学生参与体验心理辅导活动"成长三部曲"：使用"石头、剪刀、布"象征成长中的某种状态，即"鸡蛋""小鸡""大鸡"最后变成"人"。游戏从"鸡蛋"开始，每个人都是"鸡蛋"，抱成团蹲在地上，与同学进行猜拳，如果赢了，就进化成"小鸡"；变成"小鸡"后再与"小鸡"猜拳，如果赢了，就进化成"大鸡"；成为"大鸡"如果再赢了，就成长为"人"。简单有趣的心理活动既轻松愉快，又能让同学们体验和观察如何面对成长过程中的压力与挫折。

（六）角色扮演法

教师提供一定的主题情境并讲明表演要求，让学生扮演某种人物角色，演绎某种行为方式与态度，以达到深化学生的认识、感受和评价"剧中人"的内心活动与情感体验的目的。根据组织形式的不同，角色扮演法可细分为短剧和小品表演、哑剧表演、空椅子表演、双重表演、改变自我的表演、咨询表演等形式。

以学生恋爱心理为例，可选择"拒绝爱"为情境，让不同的学生根据自己的经验和个性来进行表演，让同学们在观赏中获得感受和评价。实践表明，只要运用得当，这种方法对于培养学生良好的心理素质会有较为令人满意的效果。

二、构建大数据背景下高职院校心理健康教学模式

心理健康是大学生自身健康成才的必备因素，心理健康教育课也是高校普及心理保健知识，进行心理健康教育的重要平台。在大学生获取知识信息化和德育主体性发展的背景下，大学生的学习逻辑和价值取向呈现多样化。这些发展变化将会凸显出传统心理健康教育课在教学理念、教学手段、教学模式、教学评价方面存在的不足。因此要适应学生的教育需求，提高学生心理健康教育课的实效，促进学生心理健康成长和人格完善，必须在传统心理健康教学模式上探索有效的教学模式。

"慕课—混合式教学—大数据分析"三位一体的心理健康教学模式，是在大数据平台——"慕课"的基础上，实施翻转教学，并将课堂学习与大数据分析相结合，从而为实现心理健康教育的大众化和专业化创造条件。"慕课" +混合式教学这一新的教学模式，符合当前教学改革的需要。基于"慕课"平台的心理健康教育可以实现优质教学资源的共享，同时也可以帮助受教育者即时学习心理健康知识、缓解心情、学会解决心理困扰。而混合式教学突破了传统的授课方式，实现了基于"以学生为主体"的授课模式的转化，不仅可以解决传统课程教学中出现的困境，而且还可以丰富学生的学习方式，实现个性化学习和发展，有助于培育学生形成独自深思、转换思维和合作共识的能力。同时，在心理健康教育课程中，基于大数据的云计算分析归纳结果，可以促使"慕课"教师实时调整和改进授课内容，有利于学生转变学习思路、增强学习成效。因此，笔者提出"慕课—混合式教学—大数据分析"三位一体的心理健康教学模式，希望对心理健康教

育有一定的借鉴。

（一）构建心理健康教育"慕课"平台

1. 设计课程视频

"慕课"平台的学习者可以免费学习一些课程，不用交学费，没有学业压力，同时也没有老师的督促。因此，在制定"慕课"平台上的授课内容时，需要全面思考学生的学习动机和实际需要。从美国三大"慕课"平台的现实运作效果和云计算归纳分析来看，集中在5～10周的教学周长度相对来说更受学生的青睐，课程的选修率和结业率最高。因此，心理健康教育"慕课"课程的设计周长为5～10周，一周讲课的节数设计在6～7节。据统计分析，大部分学生全身心投入授课视频的专注力可以保持15～20分钟，因此，继续沿用传统课堂上课（45～50分钟）整堂课录制的视频太长，心理健康"慕课"平台授课设计的时长为8～15分钟，而将授课内容以重难点的形式分割成许多内容精简凝练的知识模块。其设计目的是让学生自己开启"慕课"课程学习这艘航船，学生在自己的学习需求范围内，找到适合的步伐和进度。"视频采取AVI格式，它最可取的亮点就是互容性好、应用便利而且视频画质好、清晰。"视频里可以插入一些心理测试题和知识点的测试，学习者之间可以互评主题，编译学科习题，在"慕课"平台上学习讨论，通过Google互动交流等。高职院校心理健康教学的主要任务是传播心理学知识，让大学生拥有最基本的心理治愈能力，推动大学生对自身的认知以及提高自身的人格魅力。对于授课内容的讲解，如大学生心理健康变化的特征等知识点，可以采取短视频的方式呈现；对于心理健康状态、人格等对自己认知与发现的部分，可以采取线上心理测试的模式来完成，视频、线上测试等是"慕课"学习常见的环节，但心理健康教学区别于其他专业科目的学习。心理健康教学则侧重于对自身的认知、自我感受与人际交往，所以在制作"慕课"课程时也应将心理健康教学课本身的特色融入进去。

2. 嵌入课程测试与评估

认知心理学告诉我们，回忆检索性学习可以提升受教育者的学习成效。

因此，"慕课"课堂授课需要在视频中插入测验问题，即课程测验运用插入式测验和阶段测验相配合的形式，近似于传统授课过程中的随堂检测和中期检测、期末检测。插入式测验主要分为课堂上提问问题和安排作业测试。课堂上设计问题这一环节是为了吸引学生的专注力以及让学生了解自己对授课内容的掌握程度，一般不会计入学习者的得分状况，提问的这些问题都不会很难，适合大部分习者回答。作业测试则是为了指导和监督学生掌握基本的学习内容和适合自己的学习速度，以防跟不上进度，具有温故而知新的成效，有助于提高他们的学习效果。一门设计完善的"慕课"，应当有作业测评环节，例如作业测评模块应设定作业上交的日期、上交的频次、提示信息的展示、自我点评、作业测评成绩的自动添加等。当然，除了插入式测验题外，授课老师也可以运用阶段测验，即期中测试、期末测试。因为"慕课"的在线上课人数可能成千上万，因此，仅仅依靠教师或助理教师逐一来批改学生的作业及测验是不太可能实现的，最理想的作业或测验评估方式是运用计算机程序自动批改和同伴评估。大多数的线上测试题都是按计算机设定的程序自动评估计分的。运用计算机设定的程序计分的优点不只是能够实时回馈学生测试结果，而且经过多次反复练习后能够使学生很好地理解一些知识点的运用。另外，线上测试题还可以通过小伙伴互相点评来对彼此的学科小论文、探讨中的表现、项目设计进行打分，因为这些作业几乎不可以用自动计分系统。这样的计分点评流程对授课内容的安排很重要，它可以在很大程度上激励学生之间互动谈论。

3. 设置自助互动交流区

知识的模块状结构使得社区互动交流具有可能性。一个有效的"慕课"平台设计应具有丰富的、高水平的主题，以指导学生社区互动交流。Coursera 研究表明，当社区中有学生发出疑问时，由所有在线的学习者共同参与互动交流，该疑问大约在 22 分钟内就可以得到解答。因此，设置"慕课"自助互动交流区，可以使得线上数以千计的同一门科目的学生以他们独有的形式实现互动讨论。有些教师会借助互联网社交平台加入学生们的互动交流区，而有的教师则会约请助教对学生在互动交流区探讨的疑问进行及时反馈和必要提示。基于"慕课"平台上的心理健康教学，学生可以在课堂结束后继续提出疑问，这些疑问可以是平时生活中的困扰，也可以是自己的心理困惑，教师可以在线回答。同时，教师也可以对一些当下的社会问题进行心理学解释，让学习者可以从心理学的角度客观、辩证地分析现实生活中的问题，避免一些不良情绪的扩散。

（二）引入心理健康教育混合式教学模式

混合式教学颠覆了传统的授课过程，传统授课形式下课本内容的讲解是教师在教室内进行，课本内容的内化则依靠学生在课程结束后通过布置练习题、看书或者实验来实现。而混合式教学的模式是先让学生提前在线学习授课内容，在课中通过老师的指导与同伴的探讨来完成知识点的内化。混合式教学调整了课堂上的授课方式，将以教师为主体的知识讲授者与以学生为受众的知识接受者进行倒置，不同于传统的学生消极懈怠的学习情景，使得其主体地位得到真正体现。（见图4-1）

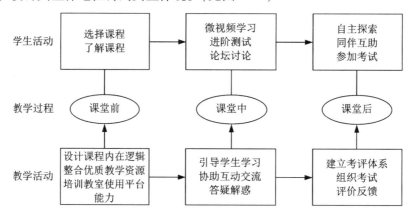

图4-1 心理健康教育课混合式教学模式流程图

1. 课前阶段

（1）创新"慕课"课程设计内在逻辑

"慕课"教学模式下创设的心理健康教育在线教育平台，满足了学生在移动互联网环境下的个性化的学习要求。但要特别注意课程的整体性和逻辑性，特别是在按照学生自身发展规律和心理健康教育发展规律对学生进行心理培育的时候，其过程是循序渐进的。

第一，合理切割"慕课"短视频的知识模块。心理在线平台的心理健康教育教学微视频承载着心理学的相关知识点教学工作。从教材体系到教学体系的完美转型主要依赖于视频课程的教学设计，需要将教学内容按照教材逻辑进行划分和重组，并将其切割成为若干知识模块。教学设计既要科学又要合理，所完成的工作质量直接影响着心理健康教育课网络"慕课"的整体质量。

第二，合理规划线上和线下教学的课时比例。线上教学微视频作为传统课堂教学的补充教学方式固然重要，但从"慕课"目前的建设来说，完全依赖于线上教学短视频呈现教学内容，往往达不到线下教学的临场感。只有将线上和线下教学相结合，才能有效地促进二者相辅相成。线上和线下教学的课时既要达到教学任务要求的总课时数，又要做到科学规划；既要确保通过一定时数的线上教学，满足学生个性化、碎片化、自主化的学习要求，又要保证预留一定课时线下教学协助同学将知识外化于行为方式。

第三，实现线上和线下教学内容的有效衔接。一方面线上和线下教学要构成一个系统化的整体，衔接连贯，有效补充。另一方面，线下教学内容要满足学生学习需求，在满足学生兴趣的同时兼顾育人功能。

（2）整合优质资源开发"慕课"课程

结合"慕课"教学内在逻辑，展开教学内容精品化分割构建，吸收名教师教学短视频。整合心理健康教育知识点制作教学微视频，充分运用图片、案例、声音等形式扩展教学内容。要将理论概念转化为形象化、趣味化形式，组成具有层次性内在逻辑的关联教学模块。设计学生闯关测试、游戏、心理测试、弹幕互动等教学环节，构建"慕课"教学的内容体系。在"慕课""教学内容体系设计中，要注重对问题的梳理和归纳。在全覆盖心理健康教育课教学内容的基础上，提倡以问题教育内在逻辑为导向。沿着提出问题、分析问题和解决问题的脉络，研究层次性问题的逻辑关联度。细化设计一、二、三等层级问题，以确保每一层横向和纵向内在逻辑具有紧密关联性。围绕由大到小各个击破问题的顺序，合理设置心理在线平台教学模块，从而建设出心理健康教育教学问题的内在逻辑体系。一是整合校内优质资源，打造具有本校特色的"慕课"精品课程。与外校"慕课"资源相比，本学校的精品课程更加符合本校学生学习和心理需求。对于本校学生的学习更加具有针对性，更符合学生的实际需求。所以，可以将每个专业的特点与教师的教学特色相结合。以心理在线平台为依托，推动精品课程的建设，打造具有本校办学特色的心理健康教育"慕课"课程。二是"慕课"技术不仅需要与心理健康教育课相结合，更是要通过开拓优质资源的覆盖面。提高精品课程的普及率，推进优质课程资源与"慕课"技术的完美整合，提升心理在线平台的互动交流。结合不同专业学生的专业知识点与性格特点，将不同专业与心理健康课教学内容相结合，打造符合不同专业特色具有针对性的心理健康教育"慕课"。

（3）强化教师使用"慕课"平台能力

第一，强化教师对心理在线平台的应用能力。不同年龄的教师对现代科学技术的接受能力不同，对其应用的掌握程度也不同。为了教师更好地运用心理在线平台，高校应该在搭建心理健康教育在线平台的前期对教师进行培训，从而促使心理健康教育课教师能够熟练运用心理在线平台开展教学活动。

第二，当教师对"慕课"技术的应用能力掌握到一定的熟练度的时候，进一步强化教师运用心理在线平台的能力。"慕课"将促使传统心理健康教育以教师为中心的灌输式教学模式，转变为以学生为中心的现代化教学模式。翻转课堂在此背景下应运而生，并要求学生在课前根据教师上传到心理在线系统的教学微视频进行相关知识模块的自主学习，在课中带着自己所学知识模块的教学难点与师生进行互动交流。所以，在翻转课堂的学习方式下，教师需要熟练掌握使用心理在线平台和线下教学的能力，真正地走到学生身边成为学生学习过程中的辅导者。

第三，强化教师使用心理在线平台进行师与师、师与生、生与生之间互动交流。在课前，学生在心理在线平台上自主学习遇到困难时，可以通过心理在线平台的讨论区、私信等功能及时与其他教师或同学进行同侪互助。教师也可以通过心理在线平台与其他教师交流学习。在课上，针对学生在心理在线平台上自主学习遇到的困难与同学进行讨论共同解决问题。因此，要强化教师使用"慕课"平台的能力。

（4）制作与录制高质量的微视频

心理健康教育教育"慕课"的教学开展是以制作高质量的微视频为基础的，生动形象化的微视频能够感染学生自主学习，促使学生主动登入心理在线平台，积极主动学习心理知识并将其内化。教师在制作微视频过程中要把握"三有三无"原则，"三无"即无理论性错误；无技术性错误、无引导性错误；"三有"即教学有设计、视频有技术、心中有学生。教师要善于以多种教学方式呈现教学内容，以多种教学策略讲解知识点。教师需要构建一个完整的微视频制作体系，力求创建一个整体知识框架完整，同时又将教学单元切割成内在逻辑关联的单个微视频。在设计课程微视频中应注意以下几点：一是确定脚本，根据教学目标确定教学知识点，这个教学知识点要是课程的重点、难点。二是设计合理，要把教材内容切割成教学知识模块。借助现代化科学技术，整合图、文、声、像等要素生动形象地呈现教学内容。三是讲解清晰，教师的讲解是决定微视频制作成功与否的关键因素。在保证教学讲解清晰的基础上，教师应该做到发音标准、亲切和蔼、节奏恰当。四是在线互动，每个微视频结尾处嵌入相应的闯关式小测试，学生只有回答对全部问题才能进入下一个微视频的学习。这样不但可以对本节微视频知识点掌握情况进行检测，而且增强了学习的趣味性。

2. 课中阶段

（1）了解学生兴趣并引导教学

引导式教学是在教师的帮助、引导下进行的教学活动。它旨在引导学生沿着发现问题、解决问题的基本思路充分发挥自身主观能动性，完成学习目标。在整个教学过程中，教师可以从学生自身兴趣和学习需求方面进行引导，使学生积极主动地参与到学习活动中。教师可以从教学内容方面提出相关问题，引导学生进行发散性思考。传统的课堂教学以教师灌输为主导，教师根据学校要求的教学任务设定自己的教学大纲。学生只是坐在教室里被动地接受教师灌输知识，受到教学内容较多、教学课时较少的限制，教室成为教师施展权威灌输的舞台，忽视了教师与学生之间交流互动的知识转化过程的重要性。相反，通过引导式教学恰恰可以弥补传统课堂教学的诟病。在引导式教学方法中，主张教师在充分了解学生兴趣和学习需求后设置教学活动。引导学生积极主动地走进课堂，发挥自身主观能动性，由被动学习者变为主动学习者。只有不断地引导学生认识"慕课"教学模式，引导学生根据自己的兴趣和学习需求选择自己喜欢的微课程，才能够充分利用"慕课"教学平台的优势，为学生营造出一个平等交流的互动环境。

（2）协助学生及时互动交流

在"慕课"模式下的课中阶段，教师由决定者变为协助者，教师的实际工作量并未减少，反而有所增加。教师在确保课程结构编排合理的基础上，应该根据学生学习和工作实际及时调整和优化课程内容。搭建与学生互联互通渠道，提供服务支持，协助学生学习，并学会利用现代化科学技术手段搜集优质教学资源，及时了解学生的学习情况。在课中的线下课堂，教师、助教的核心工作就是组织课堂讨论。对学生提出的难点进行答疑解惑，这些教学活动是在传统课堂上根本没有时间实现的。在传统心理健康课堂中，受到课时较少、教学内容较多、大班授课等教学条件的限制，教师需要按照教学目标在有限的课时内完成心理健康教育课的教学任务，课堂上没有充足的时间留给教学任务之外的教学活动，其实互动交流、答疑解惑的过程是教师在引导学生将线上教学所学的心理学相关知识内化的过程。总而言之，师生之间的即时互动交流对于心理健康教育课意义非凡。借助心理在线平台，一方面，可以真正实现师生之间的互动交流，推进心理健康教育课的转型。另一方面，传统心理健康教育课"教师人格魅力难以彰显"的劣势，就可以凭借"慕课"的技术知识有效解决。

（3）强化学生开展自主讨论

心理健康教育"慕课"的自主学习模式，改变了传统课堂教学中学生被动接受的现状。自主讨论既是线上网络教学的核心要素，也为线下课堂教学奠定了互动基础。在线上网络教学阶段，学生在进行自主学习过程中遇到学习难点或心理困惑的时候，可以通过讨论区、微博、微信公众号等网络社交方式向教师寻求帮助。教师会有选择性地解答一些学生出现较多困惑的问题并做出解答，同时也鼓励学生之间进行同伴互助，在互相讨论解决学习困惑的过程中共同进步。每一门微课设置独立的课程论坛，用于学生提出问题，教师解答问题、发布通知，以及师与生之间、生与生之间自主开展讨论。在线下课堂教学过程中，面对面的交流对于心理健康教育课的学习是一个十分重要的环节，也是线下课堂教学的主要教学形式。通过组织线下见面会的小组讨论，共同探讨某一个与学生学习、生活相关的心理问题，从而引起学生的兴趣，使学生积极踊跃地发言。比起传统心理健康教育课，教师也更有时间对学生进行一对一的交流互动和心理指导，教师更加了解学生内心世界，师生之间的自主讨论更具有针对性。对比令人枯燥无味的灌输式教学，自主讨论无疑是提高了教学成效，增强了学生自主学习的意识，也有利于学生更好地养成合作互助、民主参与的意识。因而，在心理健康教育"慕课"背景下，自主讨论有助于强化师生之间的互助交流。

（4）探索翻转课堂教学环境

心理健康教育活动本质上依然是促进学生健康成长成才，心理健康教育具有自身发展特点和规律。因此，高职院校心理健康教育"慕课"课程必须按照心理健康教学活动的客观规律设计。只有这样，心理健康教育"慕课"才能顺应心理健康教育课程发展规律，完成心理健康教育的"育人功能"。"慕课"教学理念唤起了对教学模式的重新审视，在"慕课"教育理念的影响下，国内慢慢生成了一种线上教学＋线下教学相结合的教学模式，这种模式被称为翻转课堂。在翻转课堂的教学模式下，课前，教师以微视频为载体将自己制作的微视频上传至心理在线平台。学生根据自身选课情况，在课前安排时间学习教学微视频，完成闯关式测试，随之完成进阶测试。这种先学后教的翻转课堂教学模式通过加大学生自主学习的比重，释放更多的课堂教学时间用于师生之间交流，使学生在"学"的过程中充分发挥自身主观能动性，更加自主地完成学习。翻转课堂教学模式通过对高校心理健康教育课程教学模式建设的发展与创新，达到对传统教学模式的扬弃。它更多强调的是以创新性为导向，利用心理健康"慕课"平台为高校大学生营造一个互动交流、自主学习、关系紧密的学习氛围。

3. 课后阶段

（1）建立动态化的师生考评体系

高职院校建立心理健康教育课的动态化师生考评体系，可以有效提高大学生心理健康教育课教学系统整体认识度，同时最大限度发挥优质教学资源的作用，从而实现全方位、全角度地促进教师专业发展和学生健康成长。借鉴"慕课"教学内在逻辑和技术方法，心理健康教育课教学模式改革能否成功也依赖于课程教学师生评价体系是否科学。要注重从四个方面思考：一是注重师生主体互动。制定师生"双主体"共同参与的考评机制，充分利用师生"双主体"多样化评价意识和同辈互评优势，全面保障考评制度服务于学生的全面发展。二是注重学生评价反馈。要扩展到心理健康教育课的教学育人功能，重视学生考评反馈。在实际的教学活动中对学生进行进阶测验，要及时给予考评反馈，帮助学生正确认识分析自己的学习效果。三是注重实践活动考核。实践活动作为心理健康教育课核心考核内容，要将其全面设置在教学活动的各个教学模块，通过学生的实践活动的表现评估知识外化为实践行为的效果。四是注重现代化科学技术支撑平台。充分利用信息化技术和大数据技术支持建立动态化师生考评体系，合理配置心理健康教育"慕课"教学考核指标，争取做到全面、真实、客观地考评心理健康教育课教学效果。

（2）加强教学团队的管理和激励

第一，加强教学团队的管理工作。首先，要保证教师和助教在选人、数量方面与学生人数合理搭配。教师团队组织合理化直接关系到心理在线平台课程以及线下见面课的质量，特别是微视频主讲教师和线下见面会组织教师的人员一定要符合心理健康教育"慕课"教学规律。其次，在教学团队人员确定好的基础上合理分工。微视频主讲教师的主要教学职责是：制定切割兼顾逻辑性和层次性的课程内容，选择优质教学资源，录制微视频，并在心理在线平台通过讨论区及时了解学生的动态，及时答疑解惑。而线下见面课老师的主要职责是：引导同学对学习微视频过程中遇到的学习难点和心理困惑与老师和同学进行面对面的讨论与沟通，通过互助交流来实现同伴互助。

第二，加强教学团队的激励工作。心理健康教育"慕课"教学团队要制定有梯度的考评和激励制度，应该根据每个人的教学岗位不同，制定相应的考评和激励分数。对于微视频主讲老师的激励应该从微视频制作、优质资源整合、线上活跃度等方面考评激励。对于线下见面课老师的激励应该从答疑解惑、互动交流、及时反馈等方面考评激励。对于助教教师的激励应该从教学任务量、积极性等方面进行考核和激励。

（3）加强学生的主体意识和管理

第一，加强学生的主体意识，指导学生进行自我认识。一方面，引导学生正确认识自我。心理在线平台的学生要明确自己的主体地位，在整个学习过程中学生不再是知识灌输被动的接受者、知识被动的储藏者，而是要根据自身兴趣有选择性地主动参与到学习中，发挥自身主观能动性。除此之外，在自主学习心理在线平台微视频的过程中，当遇到知识难点或者心理困惑无法解决时，更需要主动借助讨论区、微博、微信公众号等社交媒介，或与其他老师和同学通过沟通交流积极解决问题。另一方面，加强学生自主学习的能力。在心理健康教育"慕课"环境下，学生在心理在线平台上自主学习教学微视频。没有教师全程的监督，没有外界环境的干扰，学生学习内容和速度完全取决于自己。可以根据自己对知识点的掌握情况，自主安排学习时间和学习节奏，有目的地发挥主观能动性，提高自身主体意识。

第二，提高自我管理能力。传统心理健康教育课考核是一个十分重要的教育环节，在实际考核过程中出现作弊等违规现象，就应该受到相应处理。在心理健康教育"慕课"课程教学设计中，教师应建立公正合理的评价制度。其中包括微视频完成程度、进阶测试、学习过程的监管，用制度促进学生养成规则意识，同时学会自我约束。

（4）优化"双主体"的教学模式

"慕课"改变了传统心理健康教育课的教学模式，由教师主导转变为师生互为主体的平等教学模式。教师不再是课堂的领导者、指挥者、主导者，学生也不再只是被领导者、被指挥者、被主导者，师生之间建立了互动交流、相互平等的新型关系。在课前，学生根据自己的时间自主安排学习进度和学习进程，更加自主学习。在课上，心理健康教育"慕课"教学模式颠倒"教"与"学"的传统关系，使学生也成为课堂上学习主体，形成以学生主体、教师主体在心理在线教育平台共同主导的双主体。教师仍然是"教"的主体，根据不同学生兴趣和个体差异，积极引导学习在自主学习过程中构建符合自己需求的心理知识体系。教师的"教"不仅仅是教授知识，更多的是引导如何进行自我知识构建。而学生的"学"也不仅仅是接受学习，更多的是主导自己更加自主地学习。在心理健康教育"慕课"教学过程中，学生在课前自主观看教学微视频，利用讨论区、弹幕互动等形式与其他老师、学生进行交流，并且通过心理在线平台完成闯关式测试和进阶测试。在线下见面课中，同学与老师之间真正实现面对面的交流讨论，教师可以针对心理在线平台反映出来的难点进行答疑解惑。教师的角色真正地由单一灌输转变为学生学习的协助者，引导学生自主完成学习，学生则转变成了学习的主体。总而言之，"慕课"推动心理健康教育课程教学模式改革，离不开师生"双主体"教学模式的优化。

（三）运用大数据分析进行心理健康教育

1. 可视化分析

数据的可视化是指将海量的数据、分散的数据以线性几何的样式展现出来，并运用数据分析和信息技术发掘其中所隐含的信息的操作程序。同时将数据的特性值以二维信息的形式展现，人们可以从各个角度分析数值，从而对这些数据开展更深层次的发掘。"数据是架构状的，包括初始数值中的关联数据库，其数据就是半架构化的，比如我们都知道的 Word、Excel 以及图形数据，同时也包含了互联网上不同类型的数据。通过对各类数据的研究，就可以明确地看出不同种类的知识架构和内涵，包含：体现表面特点的、带有大众性的广义上的知识；用以体现数据的集中模式或根据事物的特征区别其分属种别的特点型知识；差别和个别事例进行阐述的差别型知识；体现一件事情和其他事情之间依托或相关的相关型知识；根据已有经验和数据记录预测未知世界的预测型知识。目前已经存在许多发掘知识的新科技，可视化方法就是其中的一个。借助"慕课"平台，将数据的可视化分析运用于大学生心理健康教育，具有三个鲜明的特点。第一，与学生的互动性强。学生不再是知识传递的接收者，他们可以有效地以互动的形式应用和发掘数据，以此来分析并了解自身的学习情况，提升学习效率。第二，数据显示的多维性。在可视化的显示下，数据将每一维的值归类、排列组合和展示，这样就可以分析出表示事物或事例的数据的多个特性或变量。例如对心理健康教育的测试结果进行多维度分析，有利于学生更加系统地认知自己，强化大学生对心理健康知识的理解与运用。第三，最直观的可视性特点。数据可以用图表、线形图、几何体、立体几何和卡通图画来展示，并可以对其模型和彼此间的联系展开可视化解释，能够切实提升大学生心理教育的效率。

2. 数据挖掘分析

数据挖掘是一个从不全面的、不明显的、海量的并且包括不稳定性的具有一定偶然性的现实运用数据中，找到隐喻其中、之前未被人们获悉却潜在有效的知识或体系的过程。它可以在高效提取海量的没有规律的数据时，发掘潜在数据中的有效的知识，为最后的结果提供参考。"即数据挖掘就是对隐含的数据加以归类计算并找出正相关数据。""慕课"平台可以自动记忆每一个学习者的学习行径，如视频学习的在线次数、反复学习的内容与完成作业的实际以及出错的概率等。教师可以根据"慕课"平台自动显示回馈的数据，发现授课中存在的不足并实时修正，可依据学生的上课状态，改进授课内容，根据学生的不同层次的特点，更好地"因材施教"。Udacity 的首创者、斯坦福教授 Sebastian Thrun 曾经讲过：在面对面教学中，如果只有 3~4 个人出现相同的错误，老师可能不会特别留意，但是如果在一个有成千上万人的课堂上，有 500 人或 5000 人出现相同的差错，教师可能就会认真对待了。从技术的视角来讲，数据挖掘就是设定相关程序的运行代码，从海量的数据中挖掘并分析出必要的信息和知识，数据中潜在的知识，可以以框架、规律、观点等方式表现出来。

3. 数据预测分析

可视化分析和数据挖掘的成果为预测性分析提供了一些预测的依据。预测性分析是大数据的分析功能终极实现的运用范围之一，可视化的分析和数据挖掘都是初期的基本准备工作，只要在大数据中提炼出数据的特点和关系，就可以构建科学的数据架构，基于数据架构加入新的数据，从而预料未来的数据。在进行心理健康教育时，可以将海量的数据进行归纳、分析，判断出大学生在未来一段时间内可能发生的心理状况变化，从而提升心理健康教育的实效性。大数据逻辑认为，每一种事件发生之前都会有一定的征兆，将这些征兆进行归类、分析、处理，探索出征兆与事件发生之间的规律，并基于数据的可视化分析和数据的挖掘，就可以对事件发生的可能性进行展望。

三、大数据平台——"慕课"推动心理健康教育课教学模式建设的现实启示

随着信息技术的迅猛发展，以及在线教育的兴起，"慕课"作为一种创新的教学模式，为高校在大数据背景和移动互联网环境下进行网络心理健康教育提供了有效、灵活的渠道。这不仅为传统的心理健康教育注入了新的活力，同时也为教育者和学生提供了更广阔的学习和交流平台。"慕课"模式以其独特的特点和优势，为心理健康教育带来了现实的启示和创新的可能性。

（一）通过"慕课"的自主学习，增强心理健康教学的针对性

"慕课"为高校在互联网和移动互联网环境下进行网络心理健康教育提供了有效、灵活的渠道。其平台的科学性、课程的权威性、资源的丰富性、用户的活跃性为学生的自主学习提供了良好的基础。自主学习既是"慕课"教学的核心要素，又是"慕课"模式的重要目标。在这种模式下，学生自

主学习的增强主要体现在三个方面：一是学生可以根据自身对心理知识需求、兴趣去选择心理健康教育微课程，这样学生可以及时补充、建构自己需要的个性化心理知识体系。二是学生可以依据自身实际上对心理学掌握的情况，自主安排学习进度与程度。特别是学生可以利用课余时间弥补有事而错过的心理健康教育课，可以反复回看掌握不扎实的心理学知识点，真正实现了"按照学生自己的节奏学习"。三是心理健康教育"慕课"平台可以通过大数据收集对每一个教学过程的数据分析，掌握教学过程中存在的缺点。根据不同学生的学习情况开展有针对性的教学设计，真正做到因材施教。因此，高校应该充分利用心理健康教育"慕课"展开教学。这样不仅有助于大学生适应移动学习的新学习方式，创造性地养成碎片化、零存整取的学习方式，而且有利于自主学习模式的形成，从而增强高校心理健康教学的针对性。

（二）通过"慕课"的移动学习，提升心理健康教学的吸引力

"慕课"作为传统课堂教学领域的有效补充，加入了信息技术、移动终端等元素。而伴随着移动互联网的普及，"信息化"则成为补充课堂教学的关键点。这就是说，传统教学模式应该适应技术发展的创新与演变，融入现代科技，打破心理健康教育课教学模式的藩篱。心理在线平台推行的教学理念是：心理健康教育课不再受时间和空间的限制，学生可以根据自己学习需求和兴趣自由选课。从一定意义上说，有了大学生心理在线平台，只需登入移动终端的心理健康教育课平台，便开启了移动学习的新阶段。以"移动学习"为突破口的崭新的教育方式具有灵活性、互动性、趣味性、自主性的特色。①灵活性。学生可以利用任何空暇时间进行线上学习，而不必受到传统课堂教学的时空限制。②互动性。学生在心理在线平台上观看微视频中遇到不懂的知识难点，可以通过虚拟社交方式进行课程互助。③趣味性。基于"慕课"而进行的心理在线平台课程设计，努力使现代化科技与课程设计相结合，加入了在线心理测试、闯关式学习、弹幕互动等现代化科技元素。④自主性。学生根据自己习惯和喜欢的方式学习，按照自己的学习步调和节奏来展开学习，完全是为了完成自己给自己设计的学

习任务所进行的学习，从而改变了心理健康教育课原本的课程面貌，充分体现了以学生个性化学习为中心，突出学生自主学习意识，引领心理健康教育课适应移动互联网时代的教育变革。在有效的移动学习中，使得心理健康教育课呈现出现代化教学过程，大大提升了心理健康教学的吸引力。

（三）通过"慕课"的互动交流，提高心理健康教学的互动性

心理健康教育课"慕课"充分弥补了传统教学中师生之间互动较少的问题，它是一种强化线上和线下互动交流的模式。在心理健康在线平台教学单元设计过程中，要控制好课内教学和课外自学两个阶段教学环节，创建出良好的师生互动交流环境。心理健康教育课在课堂外要借助心理在线平台进行在线互动，合理结合高校隐性教育资源设计"慕课"教学模式。带领学生自觉地参与到学习过程中的互动环节，并沿着心理在线平台中设置好的问题逻辑，指导自身实践行为；更好地参与到课外实践活动中，指导学生在遇到心理问题时能够进行自我调试和寻求帮助，从而将心理学有关知识和心理调试的技巧转换为实际行为。课内互动交流容易营造出和谐的教学情境，有利于学生自觉地接受心理健康教育课堂内的教学活动。通过线下见面会、讨论区、弹幕互动、个性化辅导等多个环节，推进同侪互助活动。心理在线平台讨论的问题往往与学生学习和生活实际紧密联系，容易引导学生在解决实际问题中独立思考，形成自己的行为体系。在此教学模式中，要启发好学生积极主动地参与课堂交流。师生要以平等的态度相互沟通，以对等姿态相互交流。通过在心灵、语言、眼神的互动建立良好的师生关系，从而提高心理健康教学的吸引力。

（四）通过"慕课"的即时反馈，加强心理健康教学的时效性

心理健康教育课良好的教学效果离不开科学及时的教学反馈。传统的心理健康教育课教学反馈主要来自学生作业以及课程成绩两方面，教师需要把学生的作业和测试带回批改后再反馈给学生，这种教学反馈滞后于教学过程，不能给予学生一个即时的教学反馈。而心理在线平台恰恰具备即时反馈这一"慕课"教学模式的关键要素，教师可以随时记录和分析学生

观看微视频的情况，如学生通过教学平台学习的知识有哪些、是否已经掌握、还有哪些问题需要解决、每个阶段的测评情况如何、正确率的高低等。教师可以通过在线平台的评估检测系统，更加全面地了解每位学生的学习进度和学习效率，从而有效且有针对性地指导学生学习。在实际的课程学习过程中，心理在线平台会安排作业或者测试。在学生回答测试问题后，除了答案，还会提供反馈意见和提示信息，回答正确则可以看到点评。如果回答错误，则系统会给出提示性内容，以帮助学生发现自己学习中存在的问题。学生也可以通过线上学习情况和评测，及时诊断自身问题所在，从而充分调整学习进度和学习模式。

第五章
大数据背景下高职院校大学生心理健康教育策略

大数据时代，高职院校面临着日益增长的学生心理健康问题。随着社会压力的增加和学习竞争的激烈化，学生心理健康的重要性日益凸显。大数据网络作为崭新的信息技术，与其他媒体相比较具有信息量大、传播速度快、信息获取便捷以及信息交流互动性、网络的虚拟性、网络行为的自由性、网络资源的丰富性等特点，为开展大学生心理健康教育带来许多优势。同时互联网的内容良莠不齐，难以监控和筛选，网络的刺激性和娱乐性，又极易使人上瘾，对大学生群体具有特殊的吸引力。大学生具有创造性强、接受新事物快等特点，但由于涉世不深、追求刺激、喜欢娱乐，自我控制力较弱，在成为互联网的极大受益者的同时，也容易沉迷于网络，在心理健康方面受到负面影响。可以说，互联网对大学生是一把双刃剑。网络已经成为大学生活不可或缺的部分，网络对大学生心理健康有积极影响，也有消极影响。如何利用大数据网络的特点和优势，是制约大数据时代高职院校大学生心理健康教育工作发展的关键所在。

全国加强和改进大学生思想政治教育工作会议强调要高度重视大学生心理健康咨询和教育工作，要为大学生健康成长创造良好条件。大学生的心理健康状况对大学生学习能力、思想政治素质的提高以及人生价值的实现等有着至关重要的作用。高度重视大学生心理素质教育，根据大学生的心理发展状态有针对性地开展教育，切实做好高素质人才的培养工作，为国家未来的建设奠定坚实的、健全的人才基础，是大学的一项重要课题。

第一节　加强大数据背景下高职院校心理健康教育教师队伍建设

任何时代，队伍是基础，人才是关键。虽然网络对高职院校心理健康教育产生了一定的冲击，在高职院校心理健康教育的有效开展中，教师队伍的建设仍是关键因素之一。可见，在大数据背景下高职院校心理健康教育的发展现实需要一批新媒体使用及应用能力强、素质能力高的教师队伍，这样才能在高职院校心理健康教育积极发展态势的引导性上更加有效。

一、构建大数据背景下高职院校心理健康教育新思维

（一）数据驱动决策

利用大数据分析心理健康数据，可快捷地了解学生心理健康问题的具体情况和趋势。基于数据结果制定决策和策略，确保心理健康教育方案更加精准和个性化，增强实效性。学校收集学生的心理健康数据，包括心理评估结果、学习行为、社交媒体等数据，常来自学生自愿提供、匿名调查、在线问卷调查等方式。学校利用数据分析工具和技术对收集到的心理健康数据进行分析。这包括统计分析、机器学习、数据挖掘等方法，以从数据中发现模式、趋势和关联性。通过对数据的解读，学校可以深入理解学生的心理健康状况。例如，分析学生的心理评估结果可以了解他们的心理问题类型和严重程度，分析学习行为数据可以了解学生的学习习惯和压力水平等。基于数据的解读，学校可以制定针对性的决策和策略。例如，针对心理问题较为严重的学生群体，可以提供更加个性化和深入的心理咨询服务；对于学习压力较大的学生，可以提供心理调适和压力管理的相关课程。学校应定期评估决策制定的效果，并对教育方案进行调整和优化。通过收集学生和教师的反馈意见，了解心理教育实施情况和效果，以及学生对支

持和指导的满意度。

（二）做好预防和早期干预

早期干预是指在学生出现心理健康问题的初期就进行干预和支持。通过大数据分析，学校可以及时发现学生的心理健康问题，如学业压力过大、人际关系问题等，并采取早期干预措施，为学生提供针对性的支持和帮助。早期干预能够避免问题的进一步恶化，帮助学生及时调整心态、解决问题，提高心理健康水平，帮助学校了解学生的特点、需求和潜在风险。在进行早期干预时，学校可以根据学生的个体差异制订个性化的干预方案，针对性地提供心理咨询、心理辅导、培训等服务。个性化干预可以更好地满足学生的需求，提高干预效果。另外，预防和早期干预需要建立多层次的支持体系。学校可以建立心理健康教育团队，包括心理咨询师、心理教育师、专业辅导员等，为学生提供全面的心理支持和指导。此外，学校还可以与社会资源进行合作，如医疗机构、社区心理服务中心等，建立网络化的支持系统，为学生提供全方位的心理健康服务。

（三）跨学科合作与创新

大数据背景下的心理健康教育需要跨越传统学科的边界，整合多学科的资源和知识。心理学、计算机科学、数据分析、教育学等领域的专业知识都可以为心理健康教育提供有益的支持。通过跨学科合作，可以充分利用各个学科的优势，形成协同效应，为学生提供更全面、综合的心理健康教育服务。跨学科合作可以涉及多个方面。首先，心理学和教育学可以合作开展心理健康教育的理论研究和教育模式设计，从心理学的角度理解学生心理健康问题，通过教育学的方法设计并实施相应的教育方案。其次，计算机科学和数据分析领域可以与心理学合作，开发智能化的心理咨询系统、数据分析工具和预测模型，以支持心理健康教育的个性化和精准化。最后，还可以与社会工作学、心理咨询专业等进行合作，提供更专业的心理支持和咨询服务。跨学科合作与创新需要培养创新思维和跨学科思维。学校可以通过设立跨学科团队、开设相关课程和培训，促进不同学科之间的交流与合作。同时，鼓励教师和学生参与学术研究项目、创新实践等活动，培养创新能力和解决问题的能力。通过跨学科合作和创新，可以推动心理健康教育的不断发展和提高。

二、培训大学生心理健康教育工作者的多媒体网络技术

使用大数据网络平台是高职院校心理健康教师参与网络心理健康教育的前提，这样才能高效地发挥网络主导地位。一方面，高职院校专兼职的心理健康教育教师应主动开通微博、微信等新媒体以迎合高职院校心理健康发展的需要。通过亲身实践新媒体、融入新媒体来明确新媒体在高职院校心理健康教育工作中的作用和价值，如教师工作者在开通新媒体平台后，着重利用平台资源整合心理健康教育的重要链接信息并分享给学生，以积极向上的言论指引网络舆论正确的方向性。在课程阵地和日常的教育活动中主动引入新媒体工具，启发学生的能动性，掌握学生的思想动态并积极给予指导与引领。另一方面，高职院校官方媒体要开辟心理健康教育专栏，为营造积极有效的新媒体工作语境提供有利条件。高职院校应在已开通的官方微信、微博等大众化新媒体平台中拓宽心理健康教育专栏，心理健康教师队伍在工作运营中要积极参与，同时网络专职技术人员对心理健康教育的运营及管理要进行有效的信息控制，发现学生不良的心理状态时要及时反馈给教师队伍，进一步加强教师与学生之间的沟通与互动。

三、摆正心理健康教育工作者角色

高职院校心理健康教育角色定位不明表现在把心理健康教育工作重点和范围局限于专职心理健康教育工作者，教育主体难以多元化。作为兼职教师要认识到他们自身也是心理健康教育的载体，他们的言行举止都会被学生积极关注，他们的不良思想和行为可能被学生通过媒介公布并扩大化，对大学生的心理产生消极影响。兼职教师不单单承担学生教学任务，更应该成为学生思想上的引导者、心理上的疏导者、生活和学习上的帮助者。对于专职心理健康教育工作者而言，应明确和认识到新媒体在高职院校心

理健康教育工作中发挥的重要作用，积极扮演好自己的角色，熟练和有效使用新媒体工具服务于学生心理疏导工作。在这样一个背景环境中，确证自己的工作角色，是高职院校心理健康教育工作取得实效性、规范性和专业性的有效保障。

四、提升高职院校心理健康教育教师队伍的素养

（一）认真分析，根据受教育者的特点，因材施教，有效实施心理教育

在开展高职院校大学生的心理健康教育时，要充分地忍耐，仔细地剖析学生思想和性格，采取"因人而异"的教学方式。

"因人而异"的心理学教学，指的是针对学生不同气质类型、能力强弱、个性多变的个性特点以及不同的思维方式，可以根据情况，进行针对性的治疗。例如，面对性格"胆汁质"的人，应采用平和的沟通方法和温和的批判方法，不要为暴躁的性格"火上加油"；针对"多血质"性格的人，可以敞开心扉，举办专题讲座；针对"黏液质"性格的人，要耐心劝导，指出其重要性，讲明道理，不要仓促行事，要给他们留思考余地；对于"抑郁质"气质类型的人，给予更多的关心、理解和耐心，要采取面对面的单独交流方式，或是通过大数据背景下平台交流，消除他们心中的疑惑和误会，增强他们的自信，战胜他们的障碍。说话要柔和，要温和，避免造成学生"二次"心理紧张，说话要准确恰当，避免误会。

（二）正确进行诊断，调动学生的主动性，积极面对阻抗

教师要清楚了解不信任感和心理阻抗之间的差异，并且要清楚了解个性特点如脾气急迫、畏缩性和心理阻抗之间的差异，从而做出准确的阻抗。针对阻抗问题，其首要目标是理解其成因，从而突破其阻抗，实现心理健康教育。最重要的是要激发受教育者的主动性，让他们和教育工作者一起找到阻碍的根源，并在适当的时候给他们指明障碍的成因，引导他们寻求解决方案，而非直接对阻碍进行干预，因为阻碍往往是以同情的方式表达出来的。消除阻抗也要同时进行共情。当正确处理共情后，阻抗才能解除。

因此，教师和学生应积极面对阻力，避免逃避，以实现消除障碍的目标。

（三）尊重学生

在进行高职院校大学生思想道德建设时，要充分地了解当代高职院校大学生的现实状况和当前的价值观、人生观和基本权利，引导他们认同、肯定和喜爱自己，树立起信心，激发成功的动力，塑造良好的道德观、人生观，培养敬业精神。只有对其足够的关爱与关注，才有可能建立起健康和谐的师生关系，从而消除阻碍，实现教学目标。

（四）提高教育者的综合素质

培养和提升教育者的整体素养和个性素质，要求心理学教师既要有广泛的学科知识，又要有丰富的人生经验、健康的生活趣味、广博的兴趣，还要有亲切性，要有自己的个性，以加强对老师的认同与信任，从而降低阻抗。

（五）加大宣传力度，让学生对心理教育有正确的认识

心理健康是人们全面健康的重要组成部分。通过加大心理知识宣传力度，学生可以了解到心理健康的重要性，并学会正确的心理调适方法，从而预防和应对心理问题，促进个人心理健康。加大心理知识宣传力度还可以帮助学生树立积极的心理观念和态度，了解自己的情绪和需求，并学会积极应对压力和挑战。这有助于培养学生的心理韧性和适应能力，增强他们应对困难的能力。

（六）心理教育的形式多样化

在教学中，学生的思想教育已脱离了以往死板的教学模式，追求教学形式的多种多样，既可以开展面对面教学、团体辅导，也可以开展专题讲座、沙龙等形式的情感体验，还可以通过书信、电话、网络等方式为学生答疑解惑。教学方法也要多一些，比如以实际的个案让学生产生共鸣，这样才能更有说服力和启发性，或者采用游戏、心理剧等方式，让学生在放松的气氛下深刻地感受，并仔细地思考，从而得到启发。

第二节 大数据背景下高职院校大学生心理健康教育的实施途径

新媒体的兴起和普及后，逐渐渗透到传统心理健康教育的领域中。大学生阶段是人生中一个重要的阶段，他们面临着学业压力、人际关系挑战、职业发展困惑等各种心理压力。传统心理健康教育常常面临时间和空间限制，无法充分满足广大学生的需求。传统的高职院校心理健康教育主要通过两种途径来实现：一是为大学生提供心理健康教育课程、讲座、报告；二是由专职或兼职教师对大学生进行心理咨询。随着大数据网络介入到高校心理健康教育中，它为传统的心理健康教育注入了全新的活力，使心理健康教育开辟出新的途径。通过新媒体平台，如社交媒体、在线课程和应用程序，大学生可以获得随时随地的心理健康支持和资源，与专业心理健康教育者进行互动交流，分享经验和学习心理应对策略。新媒体的运用，为学生们提供了更加便捷、灵活和个性化的学习与支持方式，帮助他们更好地应对心理挑战，促进个人成长和发展。

一、加强校园心理网站及论坛建设

(一) 优化用户体验

确保校园心理网站的界面简洁、清晰，易于导航和浏览。提供搜索功能和分类导航，使学生能够快速找到所需信息。同时，要关注网站的响应速度和加载时间，确保学生能够流畅地访问网站。另外，考虑到不同终端设备的使用，网站应具备响应式设计，能够在各种屏幕大小上自适应显示。

(二) 充实网站内容丰富实用

校园心理网站及论坛应提供丰富实用的内容，充实网站内容可从三个方面考虑：①提供心理知识库：建立丰富的心理知识库，包括心理健康知识、常见问题解答、应对技巧等内容，满足大学生对心理知识的需求。②提供在线心理测试和评估：开发在线心理测试和评估工具，帮助用户自我了解心理状态、风险因素等，提供个性化的建议和支持。③心理资源推荐：提供心理健康相关的书籍、文章、视频、应用程序等资源推荐，便于大学生提供深入了解和学习心理健康知识。

（三）搭建互动交流平台

创建在线论坛或社区：建立一个安全、互动性强的心理交流平台，供学生们分享经验、互助支持，并配备专业心理咨询师提供在线咨询服务。开设心理博客或专栏：邀请专业心理咨询师或学者撰写心理相关的博客或专栏文章，分享专业知识和实用建议，引发学生的思考与讨论。

二、利用大数据平台建立即时通信平台体系

随着科技的发展，即时通信工具的出现为大学生接受并喜欢。高职院校在迎合时代变化的前提下，积极利用好这些通信工具服务于大学生心理健康教育，是提高高职院校心理健康教育专业化的体现。

（一）打造"QQ"交流平台

QQ群是一个以聊天、信息交流为渠道的群聊工具，它通常是基于某个共同话题及兴趣爱好而建立起来的，具有即时性、平等性、直观性、言论自由性、虚拟性等特点，为学生所喜爱。在QQ交流群的打造上，平台管理员的选拔是关键，从群中甄选出具备一定影响力和号召力的学生，确保他们的高素质能力水平及新媒体使用能力，充分利用好QQ平台资源，肩负起搜集、管理、引导学生的心理状况的责任。在平常的运营管理中，对话题的选择要精心设置，比如，话题选择的主题要贴近大学生生活、围绕社会现实。

（二）打造"微博"交流平台

微博是用户与用户之间以关注度为联系的集信息交流、分享、获取及传播于一体的平台。近些年来，高职院校使用微博的频率也越来越高，基

本形成了高职院校官博、院系部门微博、团系统微博、学生组织微博的四层结构。一部分高职院校推行了健全的矩阵式微博组织结构，全面地推出了"五微五阵地"，实现了班级团支部、学生组织、团系统微博、院系部门、学校官微的纵向发展，筑建了心理健康教育发展的新领地，变革了服务管理新平台，推进团学工作迈入一个新的台阶，引领了人才培养新模式，为网络心理健康教育的工作树立了正确性的标杆。"纵向到底，横向到边"的微博组织架构在高职院校的建立是十分必要的。纵向指的是从班级到院系再到学校垂直建立起官方微博，以保障各属性之间相互贯通，相互参与。横向指的是积极关注各部门机构中与心理动态相关联的官方微博，扩大网络心理舆情工作的方向与范围，对网上心理工作的开展一横到边。高职院校要做横向到边、纵向到底的双向微博交流平台，同时确保微博管理中心在运作过程中对各组织机构和关注内容的辐射范围进行综合管理和监督。可通过议题设置的手段将有关大学生的心理动态问题，如大学生抗挫折能力、抗抑郁问题等具体相关议题引入高职院校官方微博交流平台中，主动掌握学生心理状况，对大学生心理健康进行积极引导。

（三）打造"微信"交流平台

微信以其即时方便的语音短信、视频通话以及新颖独特的手机群聊、在线图片、随拍随传等非限定时空的功能广受学生群体的依赖。在微信推出之后，越来越多的高职院校也开通了微信公众号。现在各大高职院校都有自己高职院校的微信公众号。这些高职院校中的微信公众号除了推送校园相关资讯以外，还逐步实现了校园支付系统、电子充值系统、校园快递、教务管理、在线图书馆一卡通等服务，极大地满足了学生的需求。所以说，高职院校心理健康教育者可以利用微信平台的优势，主动加学生为微信好友，积极关注学生朋友圈动态后了解他们的生活习性及心理状况；也可以通过技术团队组织编写校园心理健康活动咨询、心理危机预防及干预等微信小知识，并把这些信息服务以直接或间接的方式呈现给学生。

（四）打造校园 App 系统交流平台

校园 App 系统是服务于高职院校师生的一款有效平台方式。它的综合应用集中体现在高职院校信息的咨询与服务上。校园 App 软件以学生和教师的需求为行为准则，在提供校园咨询、就业信息链、大学生生活和服务等方面存在着很大的优势空间。校园 App 有着实用性、新颖便捷性等优点，深受师生的喜爱，各类动态信息都在大学生的"手掌上"，只要用手机稍微操作，各类信息便"一网打尽"。师生在校园 App 系统的运用中可以平等互动，相互交流。因此高职院校应加大校园 App 的研发，通过研发一款专门服务于高职院校心理健康教育的 App 软件来拓宽大学生心理健康教育的路径。App 软件在研发内容上要将心理危机干预、线上预测与学习、校园文化建设等元素引入其中，并保证心理健康教育在内容的延展性和工作开展上的可评估性。因此，鼓励高职院校自主研发校园心理健康教育 App 软件系统是十分有价值的。

三、优化大数据背景下大学生心理健康教育资源

（一）加快网络过滤技术研究，优化心理信息资源

要努力净化网络环境，抵制消极、腐朽思想的渗透和影响，抑制低俗文化趣味和非理性文化倾向，引导网络文化气氛向健康高雅方向发展。在整个网络信息资源建设中，校园网和心理健康教育网站应成为最好的小环境之一，向学生提供科学的、经过筛选的、优质的心理健康信息资源，并向学生推荐绿色的心理网站。同时，要净化网络信息空间就必须对网络内容进行监控和过滤，加快对抵御信息污染能力的技术的研制和开发。包括开发和安装先进的过滤软件，对网络信息的内容进行审查和筛选，及时发现和剔除不良信息，减少信息欺诈；采取多重信息保护措施，对网络上的非法信息进行屏蔽，确保高校心理健康网络信息的真实性、科学性、健康性。

（二）加强网络规范立法，净化网络环境

面对网络多元文化的冲击，面对网络色情、网上暴力、网络游戏的诱惑，心理素质欠佳、辨别能力尚弱的青年大学生们常常感到难以适应，极

易陷入压抑、不安、不知所措的心理状态，甚至导致网恋、网络成瘾、网上暴力和犯罪等。为了大学生的健康成长，全社会要倡导健康的网络文化氛围。高校要向学生推荐绿色优秀网站，并积极营造良好的校园网精神氛围（物质环境、精神环境、制度环境），建立和完善高校校园网络有害信息监察制度。但是，要改变网络信息传递的无序状态及"黄赌毒"等丑恶现象泛滥的状态，制定网络法律才是当务之急。必须实施网络法治，依法打击网络犯罪、网络色情传播、网上暴力和利用互联网从事非法活动者，维护正常的网络秩序。

第三节 构建大数据背景下高职院校心理教育机制

一、建立大数据背景下高职院校心理健康教育工作的监管机制

（一）议程设置把关，加强内容监管

议题设置理论是由美国传播学者麦克姆斯·唐纳德肖最早在《大众传播的议程设置功能》一文中提出的，这一理论在传播学领域被广泛应用。高职院校心理健康教育工作者可以把传播学理论与心理学理论相结合，在高职院校心理健康教育工作中充分发挥议程设置的有效运作机制作用，推出新的教育内容和方法，提升高职院校心理健康教育工作实施的针对性。新媒体媒介的传播具有"议程设置"的功能。议程设置能够指引大学生在平常所关注的热点、难点等问题上做出正确的选择。高职院校心理健康教育工作者通过对信息进行目标性的筛选，在各种"议题"的设置上努力让积极向上、具有正能量的信息处于最重要的位置，并能够普遍为大学生所接受和认同。而负面的信息即被过滤掉，以达到内容监管的作用。高职院校心理健康教育工作者通过议题设置主动支配大学生注意力的分配，通过对问题轻重次序的安排，能起到间接舆论影响的作用。美国政治学家伯纳

德·科恩指出："新闻媒体远远不止是信息和观点的传播者。也许在多数时候，它在使人们怎么想这点上较难奏效，但在使受众想什么上十分有效。"

其一，议程设置的建立要把学生平时所关注的舆论心理热点问题设置为心理健康教育的主要议题。新媒体平台的兴起，尤其是微信、微博平台的热潮，让学生在轻松浏览网页的同时很快便可对天下事了如指掌，把理论性较强的心理健康教育知识与当今社会中的心理热点问题相互融合，对学生的心理动态和心理现象进行理性分析。

其二，把发生在学生身边或身上的议题作为心理健康教育的引子。议题设置的理论认为：信息在传播过程中会着重对某一时间段内发生的重要事件进行强调陈述与报道，这能够极大引起受众人群的兴趣与反思。在学生身边的话题设置上，一方面要确保能够激发学生兴趣，另一方面能够引导学生积极地参与心理实践活动才是关键。教育工作者在实施议程设置的选题时要深入剖析学生的思想动态，洞察他们所想，知其所需，引导学生的参与意识并与师生形成互动，以便议程设置实施过程更有针对性。例如，某男明星因抑郁症自杀事件，在高校学生之间引起不小轰动，同学们在感到痛心和惋惜的同时，其背后更应该思考如何对抗抑郁症，把它设置成高职院校心理健康教育的议题。由于大学生对身边发生的事情比较了解和关注，能够提高学生的参与度和积极性，因此，高职院校心理健康教育工作者要选择那些大学生身边熟悉的、能够积极参与的心理健康教育的议题，引导学生展开激烈的讨论，开展系列教育活动，提高心理健康教育的有效性。

（二）提高大学生新媒体素养

在互联网时代，大学生在信息接受方面由被动变为主动，他们可以利用新媒体选择自己需要的信息。然而，由于媒介的开放性，新媒体传播过程中有着其不可避免的消极信息，面对交错庞杂的媒体信息，提高大学生媒介素养是帮助他们做出正确选择的关键。要增强高校心理健康教育的有效性，就必须提高高校学生的新媒体素养，提高他们自主利用新媒体获取知识、判断、甄别知识的能力。

其一，高职院校可以引进媒介素养专家讲座、新闻工作者讲座、开设媒介素养教育课程等方式进行大学生媒介素养教育。这些教育形式主要包括对媒介的认知、媒介判断、媒介使用等一些基本能力素养的培养。在新媒体认知上，要着重将媒介素养的含义、基本特征、重要功能阐述给学生，并让其深刻理解。在媒介判断和媒介使用上，确保学生在了解传播规律认识的基础上，让学生合理使用大众传播媒介工具。同时，提高大学生有建设性地处置各种负面信息和消极事件的能力。

其二，大学生媒介素养的提高，离不开媒介素养的自我教育意识的增强。大学生在发挥主观能动性的基础上，不断提高自己的媒介素养理论知识，努力提高自身的自我教育；不断提升自己的自我实践能力，增强媒介使用的技能。

二、构建大数据背景下高职院校心理健康教育预警机制

（一）利用大数据网络收集与整合数据

高职院校可以通过多种途径收集学生的心理健康数据，包括心理评估问卷、学生个人报告、学业数据、社交媒体活动等。这些数据可以通过数据采集工具、学生信息系统和学生档案进行整合。确保数据的完整性和准确性非常关键，以便后续的数据分析和预警工作能够基于可靠的数据基础展开。

（二）利用大数据技术分析与挖掘数据

使用大数据分析技术，对收集到的心理健康数据进行挖掘和分析。通过应用数据挖掘算法、统计分析和机器学习等方法，发现数据中的模式、规律和趋势。这些分析结果可以帮助学校了解学生心理健康问题的关键特征，为建立预警机制提供依据。

（三）确定预警指标

基于数据分析的结果，确定预警的指标和标准。这些指标可以是学生的心理评估得分、学业表现、社交媒体活动的情绪表达等。通过对大量数

据的分析，可以识别出与心理健康问题相关的指标，并设置相应的预警阈值。超过预警阈值的学生将被视为潜在风险对象。

（四）建立预警模型

利用数据分析的结果和预警指标，建立预警模型。预警模型可以是基于机器学习算法的模型，如决策树、支持向量机、神经网络等。通过训练模型，使其能够根据学生的数据预测可能出现的心理健康问题。预警模型的建立需要使用历史数据进行训练和验证，以提高其准确性和预测能力。

（五）确定预警策略和措施完善三级指导机构校级、院级、班级

根据预警模型的结果，制定相应的预警策略和措施。一旦学生触发预警条件，学校可以及时采取干预和支持措施，以帮助学生处理心理健康问题。这些措施可以包括提供心理咨询服务、安排个性化的心理辅导、组织心理健康教育活动等。

三、构建高职院校心理健康教育联动机制

（一）完善五级网络化心理监控联动机制

根据高职院校大学生的身心发展特点，高职院校可以利用大数据平台建立起"学工部、心理咨询室、辅导员、心理委员、学生"五级网络化心理监控联动机制。第一级为学工部，对心理健康教育网站进行开发、设计、管理，并定时对网站进行规范及专业排查。要以专业各异和年级各异的学生的不同需求点为基准，设计出个性新颖、吸引力强的心理健康教育网站专栏。同时对各种新媒体平台的统筹与指导也需要精心维护。第二级为心理咨询室，主要任务是建立网络心理咨询室，对高职院校心理论坛进行管理，对大学生心理障碍性问题进行教辅，对心理发展性问题进行针对性工作。第三级为辅导员，辅导员在高职院校心理健康教育中充当的重要角色是对大学生心理健康问题进行预警，与心理咨询室协同配合，对大学生心理疾病问题进行帮扶。辅导员可开通电子邮箱、个人微博等服务于学生，方便学生反映问题和进行咨询。积极组建社团、学生会、班级心理委员会、

班级微信群和 QQ 群，借助这些平台关注大学生的心理状况，重要的是，辅导员应在这些平台中承担起网络舆论指引的作用。第四级为心理委员，其成员一般包括班干部、学生党员。责任是对班级微信群和 QQ 群进行管理，做好辅导员的帮手，对班级内学生的心理动态进行及时汇报和网络舆论监督。第五级为学生：充分调动每个学生参与网络心理健康调适的热情，认识到心理健康对自我成长的重要性，共同创造积极向上的心理氛围。

（二）通过大数据网络建立全国性心理健康教育网络系统

通过大数据网络建立全国性心理健康教育网络系统，形成心理教育的合力，成员间可以互通信息，相互合作，使那些未能开展心理健康教育工作的地区和学校的学生也能及时接受教育解决他们所要解决的问题。设立大学生心理健康网络教育机构，专门开展大学生心理健康网络教育负责大学生心理健康网站教学、咨询、测验等，利用大数据网络平台普及并推广心理健康教育。

参考文献

［1］熊焰. 基于网络环境的高校学生心理健康教育研究［M］. 北京：北京工业大学出版社，2019.

［2］钟晓虹. 基于心理健康的大学生心理教育与训练研究——评《大学生心理健康教育与训练》［J］. 中国学校卫生，2022，43（03）.

［3］易晟男. 构建网络环境下大学生心理健康教育新模式［J］. 创新创业理论研究与实践，2021，4（22）.

［4］张晓宁. 媒体融合背景下大学生心理教育研究［J］. 大学，2021（37）.

［5］王诗彧，孙仪. 新媒体背景下大学生心理教育途径探究［J］. 中国报业，2020（20）.

［6］蒲晶晶. 网络环境下大学生心理教育新模式构建策略研究［J］. 作家天地，2020（19）.

［7］罗尹伶，罗红安，钟燚，等. 高校大学生心理教育存在问题及发展［J］. 保健文汇，2020（10）.

［8］贾绪云. 网络环境下的高校心理健康教育模式探析［J］. 作家天地，2020（16）.

［9］于丹丹，赵海楠. 我国大学生心理教育的理论与方法探究［J］. 产业与科技论坛，2020，19（08）.

［10］曹烨. 基于网络环境的大学生心理教育方法探索［J］. 教育观察，2020，9（10）.

［11］范峻彤. 探讨构建网络环境下大学生心理健康教育的模式［J］. 才智，2020（07）.

［12］徐丽娜．当代大学生心理健康教育的现状及应对策略［J］．农家参谋，2019（24）．

［13］杜富裕．新媒体时代利用儒家文化资源开展大学生心理教育的策略研究［J］．新余学院学报，2019，24（03）．

［14］母瑛．浅析自媒体背景下大学生心理教育［J］．中外企业家，2019（14）．

［15］李敏．网络媒体语境下大学生心理教育的创新研究［J］．散文百家（新语文活页），2019（01）．

［16］李保平．大学生心理教育与团体心理辅导分析［J］．科学咨询（科技·管理），2018（12）．

［17］陈雪琴．浅谈网络环境下如何创新高校大学生心理健康教育［J］．现代营销（创富信息版），2018（11）．

［18］王晓娟．积极心理学视角下关于贫困大学生心理教育的思考［J］．当代教研论丛，2018（10）．

［19］张珍珍．基于传统茶文化思想的现代高职院校大学生心理教育研究［J］．福建茶叶，2018，40（09）．

［20］崔晓霞．新时代背景下大学生心理教育优化策略探究［J］．报刊荟萃，2018（08）．

［21］郭旋．学校体育赛事对大学生心理教育的影响研究［J］．文体用品与科技，2018（12）．

［22］房兴旋．互联网时代大学生心理教育问题及对策探析［J］．报刊荟萃，2018（05）．

［23］廖雨涵．网络媒体语境下大学生心理教育的创新探讨［J］．祖国，2018（08）．

［24］叶欢．关于高校大学生心理教育方面的几点问题思考［J］．知识文库，2018（07）．

［25］赵炜．新时期大学生心理教育的创新分析［J］．旅游纵览（下半月），2017（24）．

［26］倪浩然．关于网络环境下的大学生心理教育研究［J］．山西青年，2017（08）．